les connaissent.

Dans la première partie de la troisième colonne, les Commissaires se borneront à indiquer la nature de chaque propriété par ces seuls mots : *terre labourable, pré, vigne, bois-taillis, futaie, maison*, etc.

La quatrième colonne ayant une destination étrangère à ce premier travail des Commissaires, il n'en sera parlé que ci-après, ainsi que de la seconde partie de la troisième colonne et des autres réservées.

tion ne sera faite que par le Conseil-Général de la Commune. Il a paru juste de donner aux propriétaires forains le droit d'y être présens et éligibles, parce qu'ayant le même intérêt que les propriétaires habitans, dans tout ce qui concerne la contribution foncière, ils doivent jouir des mêmes droits, et peuvent également mériter la confiance de la Communauté. La qualité de Citoyen actif, relativement à la contribution de 1791, sera justifiée par les rôles de 1790.

ıa contrıˌution foncıˌ de 1791, *les Municipalités sont tenues*, d'après l'article premier du second titre, *de former, aussitôt que ce Décret leur sera parvenu, et sans attendre le mandement du directoire de District, un tableau indicatif du nom des différentes divisions de leur territoire, s'il y en a déjà d'existantes, ou de celles qu'elles détermineront, s'il n'en existe pas déjà ; et ces divisions s'appelleront* Sections, *soit dans les villes, soit dans les campagnes.*

P ɒ ij

GRAMMAIRE FRANÇAISE,

PAR DEMANDES ET RÉPONSES,

RÉDIGÉE

SELON LES PRINCIPES DE M. LHOMOND.

Pour faciliter aux Enfans du premier âge les Élémens de leur Langue.

Cet Ouvrage, dans lequel on a eu soin d'élaguer les termes scientifiques toujours embarrassans pour les Élèves, pourra être utile aux Écoles des deux sexes, et particulièrement aux Personnes qui desirent, elles-mêmes, étudier les principes de la langue française.

Par un Chef d'Institution, membre de l'Université Impériale.

A VITRY-SUR-MARNE,

Chez FAROCHON, Imprimeur-Libraire, rue des Rôtisseurs.

AN 1812.

ÉLÉMENS
DE
GRAMMAIRE FRANÇAISE;

INTRODUCTION.

D. *Qu'est-ce que la* Grammaire ?

R. La *Grammaire* est l'art de parler et d'écrire d'une manière correcte et conforme au génie de la langue ; elle enseigne à bien décliner les noms, à bien conjuguer les verbes et à bien orthographier.

D *Que sont les* mots ?

R. Les *mots* sont les élémens de la parole articulée ou écrite ; ils sont aussi les signes de nos idées et de nos pensées.

D. *De combien de lettres et de quelles lettres se compose un* mot ?

R. Un *mot* se compose d'une seule lettre ou de plusieurs. Lorsque c'est d'une seule lettre ; c'est d'une *voyelle*. Lorsque c'est de plusieurs ; c'est de *voyelles* et de *consonnes*. Un mot est aussi composé de *syllabes* ; par exemple, dans le mot *docilité*, il y a quatre divisions prononcées en quatre tems distincts ; chaque division est une *syllabe* ; il y a quatre divisions, il y a donc quatre *syllabes*.

D. *Quelles sont les lettres qu'on appelle* consonnes *ou* voyelles ?

R. Les *voyelles* sont *a, e, i, o, u* et *y* ; toutes les autres lettres sont des *consonnes* que l'on nomme : *b, c d, f, g, j, k, l, m, n, p, q, r, s, t, v, x, z.*

D. *Comment se prononcent les* consonnes *et les* voyelles ?

R. Les *voyelles* se prononcent seules sans le concours des *consonnes*, et les *consonnes* ne peuvent se prononcer sans le concours des *voyelles*.

D. *Combien distingue-t-on de* voyelles ?

R. On distingue deux sortes de *voyelles*, des brèves et des longues. Les brèves sont celles qu'on est moins de temps à prononcer ;

EXEMPLE : *amuser, avertir, écrire.*

Les *voyelles longues* se marquent de l'accent *circonflexe*, dans le français, et de l'accent *aigu* dans le latin ; elles doivent se prononcer plus lentement que les brèves ;

EXEMPLE : *âge, âpre, crâne.*

Autre exemple : *a* est long dans *pâte* pour faire du pain et bref dans *patte* d'animal.

e est long dans *tempête* et bref dans *trompette*.

i est long dans *gîte* et bref dans *petite*.

o est long dans *apôtre* & bref dans *dévote*.

u est long dans *flûte*, et bref dans butte.

D. *Combien y a-t-il de sortes d'e ?*

Il a trois sortes d'*e* ; *e* muet, *e* fermé, *e* ouvert.

L'*e* muet, comme à la fin de ces mots, *homme*, *pomme*, *monde* ; on l'appelle muet, parce que le son en est sourd et peu sensible.

L'*e* fermé comme à la fin de ces mots : *bonté*, *amitié*, *vérité*.

L'*e* ouvert comme à la fin de ces mots, *procès*, *accès*, *succès*.

D. *Que remarque-t-on sur la lettre* h ?

La lettre *h* est muette ou aspirée ; Quand elle est muette, elle ne se prononce point, comme dans ces mots, l'*homme*, l'*histoire*, l'*honneur*, que l'on prononce comme s'il y avoit l'*omme*, l'*istoire*, l'*onneur* sans *h*.

Quand la lettre *h* est aspirée, elle fait prononcer du gosier la voyelle qui la suit, comme dans ces mots, la *haine*, le *héros*, le *hameau*, la *harangue*, alors on ne lie point la consonne finale avec cette *h* : on prononce la *haine* et non pas l'*haine*, les *héros*, et non pas les *zhéros* : on ne dit pas non plus vous *zhaissez*, mais bien vous *haissez*.

L'*h* n'est point aspirée dans l'*héroisme* : on dit l'*héroisme* de la vertu.

D. *Comment s'emploie l'y grec ?*

L'*y grec* s'emploie le plus souvent pour deux *ii*, comme dans *pays, moyen, joyeux*, que l'on prononce comme s'il y avoit *pai-is, moi-ien, joi-ieux*. Entre deux voyelles, l'*y grec* a le son de l'*i simple*, comme dans ces mots, *employer, essayer*.

D. *Que remarquez-vous sur la lettre l quand est-elle mouillée ou simple ?*

R. La lettre *l*, est mouillée lorsqu'elle est précédée d'un *i* et lorsqu'elle se trouve entre deux voyelles ; comme dans ces mots : *Versailles, vieillard, merveilleux* ; cependant cette règle n'est pas générale, quelquefois elle est mouillée après *u*, comme dans *Sully*. L'usage seul peut apprendre en quelle occasion elle est ou n'est pas mouillée.

D. *La Lettre l se prononce-t-elle toujours à la fin des mots ?*

R. Elle se prononce dans les noms propres, comme *Annibal, Abel, Daniel*, et dans tous les mots terminés en *el* ou *ol*, comme *fiel, miel, Espagnol, Rossignol* ; mais elle ne se prononce pas dans ceux-ci *baril, outil, gentil, fusil*.

D. *Comment se prononce s entre deux voyelles ?*

R. *S* entre deux voyelles se prononce comme *z* ;

Exemple : *Maison, poison, saison,* excepté les mots *préséance, présupposer,* où l'on conserve la prononciation de l'*s*.

D. T *final précédé de c se prononce-t-il ?*

R. *T* final précédé de *c* ne se prononce pas à la fin des mots, *respect, aspect,* même quand le mot suivant commence par une voyelle ou une *h* muette; on prononce *respec humain,* comme si le mot finissoit par un *c.*

D. *Comment prononce-t-on* neuf *devant une Voyelle?*

R. *Neuf* devant une voyelle se prononce comme *neuv ;*

Exemple : Il y a *neuf ans*, il faut prononcer comme s'il y avoit *neuv ans.*

D. *Quand* demi *prend-il ou ne prend-il pas la marque du féminin ?*

R. On écrit *demi* sans un *e* lorsqu'il est devant un nom, et avec un *e* lorsqu'il est après un nom;

Exemple : *Une demi-heure, une demi-livre; une heure et demie, une livre et demie.*

D. *Quelle différence faites-vous de ces mots* : autour, à l'entour ?

R. Il y a beaucoup de différence, *autour* est une préposition et a un régime ; *à l'entour,* est un adverbe et n'a point de régime ;

Exemple : *Autour du trône,* voici une préposition et un régime. *Il étoit sur son trône et ses fils étoient à l'entour,* ce dernier mot *à l'entour*, est un adverbe et n'a pas de régime.

D. *Avant et* auparavant *s'emploient-ils de la même manière ?*

R. Non : Il ne faut pas confondre *avant* et *auparavant* ; *avant* est une préposition suivie d'un régime ;

Exemple : *Avant l'âge. Avant* est ici préposition, *l'âge* est le régime de la préposition.

Auparavant est un adverbe et n'a pas de régime ;

Exemple : Ne partez pas si-tôt, venez me voir *auparavant*, ce dernier mot *auparavant* est un adverbe et n'a point de régime.

D. *Comment s'emploient ces deux mots*, au travers, à travers ?

R. *Au travers* est suivi de la préposition *de*; on dit : *Au travers des ennemis* ; *à travers* n'en est pas suivi ; on dit : *à travers les ennemis.*

D. *Quand emploie-t-on* celui-ci *ou* celui-là *ou bien* ceci, cela *?*

R. *Celui-ci* s'emploie pour la personne dont on a parlé en dernier lieu ; *celui-là* pour la personne dont on a parlé en premier lieu;

Exemple : Les deux Philosophes Héraclite et Démocrite étoient d'un caractère bien différent : *celui-ci* riait toujours, *celui-là* pleurait sans cesse.

Celui-ci, celle-ci ou *ceci* s'emploient pour

marquer des choses qui sont proches; *celui-là*, *celle-là* ou *cela* pour marquer des choses éloignées ;

EXEMPLE : Je n'aime pas *ceci*, donnez-moi *cela*.

D. Voici, voilà *s'emploient-ils indifféremment* ?

R. *Voici* est une préposition qui se dit d'une chose plus près de celui qui parle. *Voilà*, est aussi une préposition ; mais elle se dit d'une chose plus éloignée. On le dit aussi des choses qui ne s'apperçoivent point ;

EXEMPLE : *Voilà le livre dont vous parlez* ; quand on dit : *voici mes raisons*, on suppose qu'on va les dire ; *voilà mes raisons*, on suppose qu'on les a dites.

D. *Que dites-vous de ces deux mots*, près de, prêt à ?

R. Il ne faut pas confondre l'adverbe *près de*, avec l'adjectif *prêt à*, qui signifie *disposé à* : on ne dit pas *il est près à tomber* ; mais bien, *il est prêt de tomber*.

D. *Quand* cent *et* vingt *prennent-ils une* s ?

R. *Cent* et *vingt* prennent une *s* quand ils sont suivis d'un nom pluriel ;

EXEMPLE : *Deux cents hommes, quatre-vingts volumes.*

Cent ne prend point *s* quand il est suivi d'un autre nombre ;

EXEMPLE : *Mil sept cent trente-huit.*

Il en est de même de *vingt* quand il précéde un autre nombre auquel il est joint ;

ainsi, on écrit : *quatre-vingt-deux hommes, quatre-vingt-trois lieues.* (Acad.)

D. *Quand emploie-t-on* de *et non pas* des *devant un nom pluriel ?*

R. On emploie *de* dans le sens partitif devant un adjectif pluriel ;

Exemple : *J'ai reçu de bons livres*, et non pas *des bons livres.*

D. *Quand écrit-on* mil *avec une l, au lieu de* mille *avec deux ll ?*

R. On écrit *mil* par une *l*, quand il marque la date des années ;

Exemple : Le froid fût très-grand en *mil sept cent neuf.*

Le mot *mille* par deux *ll*, est indéclinable et ne prend jamais *s* ;

Exemple : *dix mille hommes* ;

Mais quand *mille* exprime une étendue de chemin, alors il faut mettre une *s* au pluriel ;

Exemple : Il court *dix milles* ; ce cheval fait tant de *milles* par jour.

D. *Comment s'exprime* que *après* c'est ?

R. Le *que* après *c'est* étant conjonction, il faut dire : C'est en Dieu *que* nous devons mettre notre espérance, et non pas *en qui*; C'est à vous même *que* je veux parler et non pas *à qui* je veux parler. Dans ces deux phrases, *que* n'est pas relatif ; mais conjonction.

D. *Le mot* tout *n'est-il pas employé comme adverbe et quelquefois comme adjectif?*

R. Oui, *tout* mis pour *quoique, entièrement,* ne change point de genre ni de nombre devant un adjectif masculin pluriel ; ainsi on dit : les enfans *tout* aimables qu'ils sont, ne laissent pas d'avoir bien des défauts. *Tout* ne change ni de genre ni de nombre, devant un adjectif féminin pluriel, qui commence par une voyelle ou une *h* muette ;

EXEMPLE : Ces images *tout* amusantes quelles sont, ne me plaisent pas; *tout* dans cette phrase est indéclinable, il ne change ni de genre ni de nombre.

Mais si l'adjectif féminin est au singulier, ou si étant au pluriel, il commence par une consonne, alors on met *tout* au singulier ou *toutes* au pluriel ;

EXEMPLE : Cette image *toute* belle qu'elle est ne me plaît pas, ou bien, ces images *toutes* belles qu'elles sont, ne me plaisent pas.

D. *Comment s'écrit* quelque *lorsqu'il est suivi de* que ; *ne s'emploie-t-il pas quelquefois sans* s, *et quelquefois avec une* s ?

R. *Quelque* ne prend point *s*, quand il y a un adjectif entre *quelque* et *que ;*

EXEMPLE : Les rois *quelque* puissants qu'ils soient, ne doivent pas oublier qu'ils sont hommes :

Et s'il y a un nom entre *quelque* et *que*, on met *quelque* au même nombre que le nom;

EXEMPLE: *Quelques* richesses que vous ayez, vous ne devez point vous enorgueillir.

DIVISION DES LANGUES.

D. *Comment se divisent les* Langues?

R. On divise les *Langues* : 1.° En *Langues mortes* et en *Langues vivantes*; 2.° en *Langues mères* et en *Langues dérivées.*

D. *Quelles sont les* Langues mortes?

Les *Langues mortes* sont celles qu'aucun peuple ne parle plus, et qui ne subsistent que dans les Auteurs, comme le grec et le latin.

D. *Quelles sont les* Langues vivantes?

R. Les *Langues vivantes* ou *vulgaires,* sont celles que les peuples parlent, comme le Français, l'Anglais, l'Allemand, l'Espagnol, l'Italien.

D. *Quelles sont les* Langues mères?

R. On appelle *Langues mères*, celles qui ont donné naissance à d'autres Langues, comme l'Hébreu à l'égard de plusieurs langues orientales, et le latin à l'égard de l'Italien de l'Espagnol et du Français.

D. *Quelles sont les* Langues dérivées?

R. Les *Langues dérivées* sont celles qui tirent leur origine d'une autre *Langue.*

D. *Quelle est la* Langue maternelle?

R. La *Langue maternelle* de chaque homme, est celle du pays où il est né.

D. *Quelle est la première* Grammaire *que l'on doit étudier ?*

R. La raison veut que chacun sache au moins les élémens de sa langue maternelle avant de se livrer à l'étude d'une langue étrangère, soit morte, soit vivante.

D. *Quel est l'objet de la* Grammaire *?*

R. Le *discours* est l'objet de la **Grammaire** qui en règle toutes les parties.

D. *Qu'est-ce qu'un* discours *?*

R. Un *discours* est un ouvrage oratoire ou une production d'esprit, un peu étendue, appuyée de raisonnement et de preuves ; il est composé de *périodes*.

D. *Qu'est-ce qu'une période ?*

R. Une *période* est une suite de phrases, ou un petit discours qui forme un sens complet et qu'on peut diviser en plusieurs parties ou en plusieurs membres.

D. *Qu'est-ce qu'une* phrase *?*

R. Une *phrase* est la totalité des mots réunis pour l'expression d'une pensée plus ou moins composée et une sorte d'arrangement de paroles qui forment un sens parfait.

D. *Qu'est-ce qu'une* périphrase *?*

R. Une *périphrase* est un circuit de paroles ; c'est-à-dire, de mots qui désignent la chose sans la nommer. Notre langue trop délicate ou plutôt trop timide, ne permet pa d'employer tous les mots dans le style noble; voilà pourquoi il faut se servir de périphrases.

DES DIFFÉRENTES PARTIES DU DISCOURS.

D. Quelles sont les parties du Discours?

R. Il y a en français dix sortes de mots qu'on appelle parties du discours; savoir: le *Nom*, l'*Article*, l'*Adjectif*, le *Pronom*, le *Verbe*, le *Participe*, l'*Adverbe*, la *Préposition*, la *Conjonction* et l'*Interjection*.

CHAPITRE PREMIER.

PREMIÈRE ESPÈCE DE MOTS.

Le Nom.

D. *Qu'est-ce que le* nom ?

R. Le *nom* est un mot qui sert à exprimer le sujet dont on parle, ou à nommer une personne ou une chose, comme *Pierre, Paul, Livre, Chapeau.*

D. *Qu'est-ce que le* nom substantif ?

R. Le *nom substantif* est un nom qui exprime un objet déterminé et qui signifiant une chose subsistante par elle-même n'a pas besoin d'être joint à un autre nom pour être entendu.

D. *Combien y a-t-il de sortes de* noms substantifs ?

R. Il y a deux sortes de *noms substantifs*, le *nom commun* et le *nom propre.*

Le *nom commun* est celui qui convient à plusieurs personnes ou à plusieurs choses semblables ; ainsi, les mots *Ange, Homme, Maison,* sont des noms communs, parce qu'ils conviennent à tous les anges, à tous les hommes, à toutes les maisons.

Le *nom propre* est celui qui ne convient qu'à une seule personne ou à une seule chose, comme *Cicéron*, *Démosthène*, *Napoléon*, *Paris*, *Rouen*, la *Marne*, la *Seine*.

D. *Qu'entendez-vous par* noms collectifs ?

R. Les *noms collectifs* sont ceux qui, quoiqu'au singulier, portent nécessairement à à l'esprit, l'idée de plusieurs personnes ou de plusieurs choses de même espèce, comme réunies ensemble ; ainsi, le mot de *forêt*, fait concevoir plusieurs arbres, celui d'*armée*, plusieurs soldats.

D. *Qu'appelle-t-on* noms partitifs ?

R. On appelle *noms partitifs*, ceux qui marquent la partie d'un plus grand nombre, comme *la plupart de*, *une infinité de*, *beaucoup de*, *peu de*.

Les *noms partitifs*, suivis d'un nom pluriel veulent le verbe et l'adjectif au pluriel ;

Exemple : La *plupart* des enfans sont légers, *peu d'*enfans sont attentifs.

D. *Combien y a-t-il dans les noms de* genres *et de* nombres ?

R. Il y a en français deux genres, le *masculin* et le *féminin*, deux *nombres*, le *singulier* et le *pluriel*; le *singulier* quand on parle d'une seule personne ou d'une seule chose ; le *pluriel* quand on parle de plusieurs personnes ou de plusieurs choses.

D.

D. *Qu'est-ce que le* genre

R. Le *genre* est une différence de sexe, mâle ou femelle ; il y en a de deux sortes, le *masculin* et le *féminin* ; le *masculin* se connoît quand on peut mettre *le, un, du, au*, devant le nom, comme *le temple, du temple, au temple*.

Le *féminin* se connoît quand devant le nom on peut mettre l'article *la, de la, à la*, comme *la maison, de la maison, à la maison*.

D. *Comment distinguez-vous dans les noms le* singulier *du* pluriel ?

R. *Le, la, un, une* marquent le singulier, *les, des*, indiquent le pluriel ; ainsi, *la maison, le bon, le méchant*, sont au singulier, *les maisons, les bons, les méchants*, sont au pluriel.

D. *Qu'appelle-t-on* noms composés ?

R. On appelle *noms composés* ceux qui sont de deux ou trois mots. Quand un nom composé est formé d'un nom substantif et d'un adjectif, le substantif et l'adjectif prennent l'un et l'autre la marque du pluriel ;

Exemple : *Un arc-boutant, des arcs-boutans, un bout-rimé, des bouts-rimés.*

Quand les noms composés sont formés d'une préposition, d'un verbe ou d'un nom, le nom seul prend la marque du pluriel ;

Exemple : *Un avant-coureur, des avant-coureurs ; un entre-sol, des entre-sols.*

Il faut bien se garder de mettre une *s* aux prépositions *avant* et *entre*, quoi qu'il y ait devant l'article *des* qui désigne le pluriel.

Quand un mot est formé de deux noms unis par une préposition, le premier des deux noms doit seul prendre la marque du pluriel;

Exemple: *Un arc-en-ciel, des arcs-en-ciel, un chef-d'œuvre, des chefs-d'œuvre.*

D. *Quels sont les mots adoptés du latin qui ne prennent point la marque du pluriel?*

R. Il y a quelques mots que nous avons adoptés du latin sans les changer et auxquels on ne met point la marque du pluriel; ainsi, on écrit: *des opera, des duo, des quiproquo, des factum.*

D. *Quelle est la première règle à observer dans l'orthographe des noms?*

R. La première règle à observer dans l'orthographe des noms, c'est d'ajouter une *s* au pluriel; ainsi on écrit *un homme* sans *s*, et *les hommes* avec une *s*.

Quelquefois, cependant, le pluriel est semblable au singulier, ainsi qu'on le voit dans les noms qui se terminent au singulier par *s*, *x* ou *z*; alors on écrit: le *fils* comme les *fils*, la *voix* comme les *voix*, le *nez* comme les *nez*. Il y a aussi d'autres noms qui au lieu d'une *s* prennent une *x* au pluriel, comme les *eaux*, les *feux*, les *chapeaux*.

Les noms dont le pluriel prend une autre terminaison que le singulier, doivent aussi recevoir une *x*, comme dans ces mots, le *mal*, les *maux*, le *cheval*, les *chevaux* ; ce peu d'exemples suffit pour apprendre qu'il est essentiel de distinguer en écrivant le singulier du pluriel.

D. *Qu'est-ce que* décliner *un nom* ?

R. *Décliner* un nom, c'est le réciter avec les articles et les cas qui lui conviennent, ainsi que je vais le faire :

NOM MASCULIN.

SINGULIER.		PLURIEL.	
Nominatif.	le Seigneur.	*Nom.*	les Seigneurs.
Génitif.	du Seigneur.	*Gén.*	des Seigneurs.
Datif.	au Seigneur.	*Dat.*	aux Seigneurs.
Accusatif.	le Seigneur.	*Acc.*	les Seigneurs.
Vocatif.	ô Seigneur.	*Voc.*	ô Seigneurs.
Ablatif.	du Seigneur.	*Ablat.*	des Seigneurs.

NOM FÉMININ.

SINGULIER		PLURIEL.	
Nominatif	la Maison.	*Nom.*	les Maisons.
Genitif.	de la Maison.	*Gen.*	des Maisons.
Datif.	à la Maison.	*Dat.*	aux Maisons.
Accusatif.	la Maison.	*Acc.*	les Maisons.
Vocatif.	ô Maison.	*Voc.*	ô Maisons.
Ablatif.	de la Maison.	*Abl.*	des Maisons.

CHAPITRE II.

SECONDE ESPÈCE DE MOTS.

L'Article.

D. *Qu'est-ce que l'Article ?*

R. L'*Article* est un petit mot que l'on met devant les noms communs et qui en fait connoître le genre et le nombre.

Nous n'avons qu'un article, *le*, *la* au singulier ; *les* au pluriel.

Le se met devant un nom masculin singulier, *le père* ; *la* se met devant un nom féminin singulier, *la mère* ; *les* se met devant un nom pluriel, soit masculin, soit féminin, *les pères*, *les mères*.

CHAPITRE III.

TROISIÈME ESPÈCE DE MOTS.

L'Adjectif.

D. *Qu'est-ce que l'Adjectif ?*

R. L'*Adjectif* est un mot que l'on ajoute

au nom pour marquer la qualité d'une personne ou d'une chose; il tire son nom du latin *adjectus*, qui veut dire *ajouté*; parce qu'il s'ajoute au substantif pour en exprimer quelque qualité;

Exemple : *un bel arbre, un bon père, une bonne mère, une grande maison, un beau jardin.*

On connoît qu'un mot est adjectif quand on peut y joindre le mot *personne* ou *chose*; ainsi : *habile, honnête, agréable* sont des adjectifs, parce qu'on peut dire ; *une personne habile, une personne honnête, une chose agréable.*

D. *Les* Adjectifs *doivent-ils suivre les mêmes règles que les noms substantifs?*

R. Ils doivent s'accorder en genre et en nombre avec le nom auquel ils se rapportent, c'est-à-dire, que si le nom substantif est au masculin, l'adjectif doit être au masculin ; si au contraire il est au féminin, il faut que l'adjectif soit de même au féminin. Le *nom* et l'*adjectif* doivent aussi s'accorder en nombre, c'est-à-dire, que si le nom est au pluriel, il faut que l'adjectif y soit;

Exemple: *Le bon père, la bonne mère, de beaux jardins, de belles fleurs.*

Quand un adjectif se rapporte à deux noms singuliers, on met l'adjectif au pluriel, parce que deux singuliers valent un pluriel ;

Exemple : *Le roi et le berger sont égaux après la mort :* (et non pas *égal*).

Si les deux noms sont de différens genres, on met l'adjectif au masculin ;

Exemple : *Mon père et ma mère sont contens* et non *contentes*.

Il y a des *adjectifs* qui se mettent devant le nom et d'autres après ;

Exemple : *Beau jardin, table ronde.* L'usage est le seul guide à cet effet.

D. *Comment se forme le féminin dans les* adjectifs français ?

R. Quand l'*Adjectif* ne finit point par un *e muet*, on y ajoute un *e muet* pour former le féminin : *prudent, prudente ; saint, sainte; méchant méchante ; savant, savante ; petit, petite ; grand, grande ; poli, polie ; vrai, vraie*, etc.

EXCEPTIONS.

1.re Exception. Les *adjectifs suivans*, doublent au féminin leur dernière consonne avec l'*e muet : cruel*, fait au féminin *cruelle* par deux *ll* ; *gros*, fait *grosse* par deux *ss* ; *ancien* fait *ancienne* par deux *nn* ; *beau* et *nouveau*, font au féminin *belle, nouvelle*.

2.e Exception. *Blanc, franc, sec*, font au féminin *blanche, franche, sèche ; public, caduc*, font au féminin *publique, caduque*.

3.e Exception. Les *adjectifs bref, naïf,*

font au féminin *brève*, *naïve*; *long* fait *longue*.

4.ᵉ Exception. *Malin*, *bénin* font *maligne*, *bénigne*.

5.ᵉ Exception. Les *adjectifs* en *eur* ont leur féminin en *euse*: *trompeur*, *trompeuse*; *parleur*, *parleuse*; *chanteur*, *chanteuse*; *acteur* fait *actrice*; *protecteur* fait *protectrice*.

6.ᵉ Exception. Les *adjectifs* terminés en *x* se changent en *se*: *dangereux*, *dangereuse*; *honteux*, *honteuse*; *jaloux*, *jalouse*, *etc.* cependant *doux* fait *douce*; *roux* fait *rousse*.

DES DEGRÉS DE COMPARAISON.

D. *Les* adjectifs *n'ont-ils pas* trois degrés de comparaison ou de signification ?

R. Les *adjectifs* ont trois degrés de comparaison ou de signification, le *positif*, le *comparatif* et le *superlatif*.

L'*adjectif* est au *positif* quand il exprime simplement la qualité, comme *un homme poli*, *affable*, *doux*, *charmant*.

L'*adjectif* est au *comparatif*, quand il y a les mots, *meilleur*, *plus*, *moindre* ou *pire*;

Exemple : Votre livre est *meilleur* que le mien.

Le *Comparatif* n'est autre chose que l'adjectif avec comparaison : quand on compare deux choses, on trouve que l'une est ou supérieure à l'autre, ou inférieure à l'autre, ou égale à l'autre.

Pour marquer un *comparatif de supériorité*; on met *plus* devant l'adjectif, comme *la rose est* plus *belle que la violette.*

Pour marquer un *comparatif d'infériorité*; on met *moins* devant l'adjectif, comme *la violette est* moins *belle que la rose.* Le mot *que* sert à joindre les deux choses que l'on compare.

Pour marquer *un comparatif d'égalité*; on met *aussi* devant l'adjectif, comme *la rose est* aussi *belle que la tulipe.*

L'adjectif est au *superlatif* quand il exprime la qualité dans un très-haut degré; comme dans ces mots : *la ville de Paris est très-grande et très florissante.* Le ou *la* devant *plus* annoncent le *superlatif*;

EXEMPLE : *Paris est la plus belle des villes.*

D. *Quels sont les adjectifs qui expriment seuls une comparaison ?*

R. Il y a trois *adjectifs* qui expriment seuls une comparaison : *meilleur* au lieu de *plus bon* qui ne se dit point; *moindre* au lieu de *plus petit*; *pire* au lieu de *plus mauvais*; comme *la vertu est meilleure que la science, le mensonge est* pire *que l'indocilité.*

NOMS ET ADJECTIFS DE NOMBRE.

D. *Qu'entend-on par* noms de nombre?

R. Les *noms de nombre* sont ceux dont on se sert pour compter.

D.

Il y en a de deux sortes : les *noms de nombres cardinaux* et les *noms de nombres ordinaux*.

D. *Quels sont les* noms de nombres cardinaux ?

R. Les *noms de nombres cardinaux* sont : *un*, *deux*, *trois*, *quatre*, *cinq*, *six*, *sept*, *huit*, *neuf*, *dix*, *quinze*, *vingt*, *trente*, *quarante*, *cinquante*, *soixante*, *cent*, *mille*, etc.

D. *Pourquoi les appelle-t-on* cardinaux ?

R. On les appelle *cardinaux* parce qu'ils sont comme l'origine des nombres *ordinaux*, et qu'ils servent à les former en y ajoutant *ième*, puisque de *quatre* on fait *quatrième*, *cinq*, *cinquième*.

D. *Quels sont les* noms de nombres ordinaux ?

R. Les *noms de nombres ordinaux* se forment des *cardinaux* ; ces noms sont : *premier*, *second*, *troisième*, *quatrième*, *cinquième*, etc.

Il y a encore des noms de nombre qui servent à marquer une certaine quantité, comme une *dixaine*, une *douzaine*, &c.

Il y en a d'autres qui marquent les parties d'un *tout*, comme la *moitié*, le *tiers*, le *quart*, &c.

Enfin, Il y en a qui servent à multiplier, comme le *double*, le *triple*, &c.

CHAPITRE IV.

QUATRIÈME ESPÈCE DE MOTS.

Le Pronom.

D. *Qu'est-ce que le* Pronom ?

R. Le *Pronom* est un mot qui se met à la place du nom, pour en éviter la répétition ;

Exemple : A la Religion soyez toujours fidèle, vous ne serez jamais honnête homme sans *elle* ; le mot *elle* est mis ici pour la Religion.

D. *Y a-t-il différentes sortes de* pronoms ?

R. Il y a différentes sortes de *pronoms* qui sont : les *pronoms personnels, relatifs, interrogatifs, indéfinis, possessifs* et *démonstratifs*.

D. *Quels sont les* pronoms personnels ?

R. Les *pronoms personnels* sont ceux qui désignent la personne d'un verbe ; tels sont *je, tu, il* ou *elle, nous vous, ils* ou *elles*.

La *première personne* est celle qui parle ; la *seconde personne* est celle à qui l'on parle ; la *troisième personne* est celle de qui l'on parle.

1.er Exemple où se trouve le *pronom* de la première personne : *Le maître* me *regarde*, c'est-à-dire, *regarde* moi; *Le maître* me *donnera un livre*, c'est-à-dire, *donnera à* moi *un livre*.

2.e Exemple où se trouve le pronom de la seconde personne : *Le maître* te *regarde*, c'est-à-dire, *regarde* toi; *Le maître* te *donnera un livre*, c'est-à-dire *donnera à* toi *un livre*.

3.e Exemple où se trouve le *pronom* de la troisième personne : *Je* lui *dois le respect*, c'est-à-dire, *je dois à* lui *ou à* elle *le respect*; *Je* le *connois*, c'est-à-dire, *je connois* lui; *Je* la *connois*, c'est-à-dire, *je connois* elle.

Il y a encore un *pronom se* ou *soi*, qui désigne la troisième personne; il est des deux genres et des deux nombres;

Exemple : *Il* se *donne des louanges* ; c'est-à-dire, *il donne à* soi.

Il y a encore deux mots qui servent de pronoms, qui sont *en* et *y grec*;

En signifie *de lui*, *d'elle* ou *d'eux*;

Exemple : *J'en parle*, c'est-à-dire, *je parle de lui*, *d'elle ou d'eux*.

Y grec signifie *à cette chose*, *à ces choses*;

Exemple : *Je m'y applique*, c'est-à-dire, *je m'applique à cette chose, à ces choses*.

D. *Quels sont les* pronoms relatifs ?

R. Les *pronoms relatifs* sont ceux qui ont rapport à un nom ou pronom qui les précède, tels sont : *qui*, *que*, *lequel*, *laquelle*, *lesquels*, *lesquelles*, *dont*, *quoi*, *y*, *en*, *le*, *la*, *les*, *leur*;

Exemple : *Le jeune homme* qui *cultive la vertu et les sciences, goûte un bonheur plus solide*, que *celui* qui *passe sa vie dans la dissipation et les plaisirs;* ou bien, *j'ai reçu les lettres* que *vous m'avez écrites, je* les *ai lues avec plaisir;* ou autrement encore, *L'honneur est comme une île escarpée et sans bords; On n'y peut plus rentrer dès qu'on en est dehors.*

D. Le mot en *n'est-il pas quelquefois* pronom, et *quelquefois* préposition ?

R. *En pronom* est toujours joint à un verbe, et *en préposition* est toujours joint à un nom;

Exemple : *Voilà de beaux arbres, vous devriez* en *acheter;* le mot *en* est ici pronom, parce qu'il est joint à un verbe.

Autre Exemple : *On se comporte* en *ville bien autrement qu'*en *campagne; en* dans cette phrase est préposition parce qu'il est suivi du mot *ville* qui est un nom.

D. Le, la, les *ne sont-ils pas quelquefois* articles *et quelquefois* pronoms relatifs ?

R. *Le, la, les* sont *articles* quand ils sont placés devant un nom, et ils sont *pronoms relatifs* quand ils sont avant ou après un verbe;

Exemple : *Quand on respecte* les *gens, on* les *salue.*

Autres exemples : *Je* le *connois. Je* la *respecte.* Je les *aime.*

Le, *la*, *les* sont ici *pronoms relatifs*, parce qu'ils ne sont joints à aucun *nom*, mais bien à des *verbes.*

D. *Quand le pronom* qui *est-il* relatif, *et quand est-il* interrogatif?

R. Le pronom *qui* est *relatif* quand on peut le tourner par *lequel, laquelle, lesquels* ou *lesquelles ;*

Exemple : *L'ennemi* qui *vous a accusé ;* c'est comme s'il y avoit *lequel* vous a accusé.

Le pronom *qui* est *absolu ou interrogatif* quand il n'a point d'antécédent et qu'on peut le tourner par *quelle personne* ou *quelle chose ;*

Exemple : Qui *vous a accusé ?* c'est comme s'il y avoit quelle *personne vous a accusé?*

Autre Exemple : Que *vous donnerai-je ?* c'est-à-dire, Quelle *chose vous donnerai-je?*

D. *Quels sont les* pronoms indéfinis ?

R. Les *pronoms indéfinis* sont ceux qui expriment un objet vague et indéterminé ; il y en a de quatre sortes :

1.° Ceux qui ne se joignent jamais à un nom; comme *on, quelqu'un, quelqu'une, quiconque, chacun, chacune, autrui, personne, rien* ; quand je dis : *On frappe à la porte ; quelqu'un vous appelle*, je parle d'une personne; mais je ne désigne pas quelle elle est.

2.° Ceux qui sont toujours joints à un nom ; comme *quelque, chaque, quelconque, certain, certaine ;*

Exemple : Quelque *nouvelle* ; certain *auteur* ;

3.° Ceux qui sont tantôt joints à un nom, et tantôt seuls; comme *nul, nulle ; aucun, aucune ; l'un, l'autre ; même ; tel, telle ; plusieurs ; tout, toute.*

4.° Ceux qui sont suivis de *que* ; comme *qui que ce soit, quoique ce soit, quel, quelque* ; par exemple: Quelque soit *votre mérite*, quelque soit *votre naissance*.

Quoique ; par exemple · Quoique *vous fassiez.*

Quelque....que ; par exemple : quelques *richesses* que *vous ayez.*

Tout....que, toute....que ; par exemple : Tout *savant* que *vous êtes. La campagne* toute *belle* qu'elle *est.*

D. *Quels sont les* Pronoms démonstratifs?

R. Les *pronoms démonstratifs* sont ceux qui servent à montrer quelque chose, tels sont : *ceci, cela, celui-ci, celui-là, celui, celle, ceux ci, celles-là, ceux-là ;*

Exemple : Ceci *est beau* ; celui-ci *est bon*; celui-là *ne vaut rien.*

Remarque. *Celui-ci, celle-ci,* s'emploient pour marquer des choses qui sont proches;

celui-là, *celle-là* pour montrer des choses éloignées.

D. *Qu'est-ce que les* pronoms possessifs ?

R. Les *pronoms possessifs* marquent la possession des choses.

Singulier.		Pluriel.	
Masculin	*Féminin.*	*Masculin.*	*Féminin.*
Le mien.	La mienne.	Les miens.	Les miennes.
Le tien.	La tienne.	Les tiens.	Les tiennes.
Le sien.	La sienne.	Les siens.	Les siennes.

Des deux genres.

Le nôtre.	La nôtre.	Les nôtres.
Le vôtre.	La vôtre.	Les vôtres.
Le leur.	La leur.	Les leurs.

REMARQUE.

Les mots *mon*, *ton*, *son*, *ma*, *ta*, *sa*, *mes*, *&c.* sont regardés mal à propos, par quelques Grammairiens, comme des *pronoms possessifs*. Ces mots qui sont toujours joints à un nom, ne sont autre chose que des *adjectifs possessifs*.

Il n'y a de véritables *pronoms* que les mots qui tiennent la place des noms.

CHAPITRE V.

CINQUIÈME ESPÈCE DE MOTS.

Le Verbe. (*)

D. *Qu'est-ce que le* Verbe ?

R. Le *Verbe* est un mot dont on se sert pour exprimer que l'on est ou que l'on fait quelque chose : ainsi, le mot *être*, *je suis*, est un *verbe*; le mot *lire*, *je lis* est un *verbe*. Un mot est aussi un *verbe* quand on peut mettre avant lui un des pronoms personnels *je*, *tu*, *il* ou *elle*, *nous*, *vous*, *ils* ou *elles*. *Chérir* est donc un verbe; parce qu'on peut dire, *je chéris*, *tu chéris*, *il chérit*. *Parler* est aussi un *verbe*, parce qu'on peut dire, *je parle*, *tu parles*, *il* ou *elle parle*.

D. *Y a-t-il plusieurs sortes de* Verbes ?

R. Il y a plusieurs sortes de *verbes*, qui sont : le *verbe actif*, qui marque une action, comme *aimer quelqu'un*, ou *quelque chose*.

Le *verbe passif* qui est celui dont le nomi-

(*) On a placé à la fin de cette Grammaire les différentes conjugaisons des verbes, afin que l'on puisse y recourir plus aisément dans le besoin.

Le *verbe passif* qui est celui dont le nominatif ou sujet reçoit ou supporte l'action, comme *l'enfant sage est aimé de ses parens.*

Le *verbe neutre* qui marque la disposition et qui n'a point de régime direct, comme *languir, dormir.*

On appelle *verbe neutre* les verbes après lesquels on ne peut pas mettre quelqu'un ou quelque chose ; plusieurs ont cependant un régime indirect marqué par *à* ou *de* ;

Exemple : *Nuire* à *la santé, médire de quelqu'un.*

Remarque. Quelques *verbes neutres* s'emploient quelquefois *activement*, c'est-à-dire, dans une signification *active* : ainsi, *parler* qui est un *verbe neutre*, s'emploie *activement* dans cette phrase : *c'est un homme qui parle bien sa langue.*

Le *verbe réfléchi* ou *pronominal*, qui est celui dont le régime et le nominatif sont la même personne, comme *je me repens, je me flatte, je me loue, je me fâche* ; il est ainsi appelé, parce qu'il est toujours précédé de deux pronoms personnels dont le second est l'un des pronoms, *me, te, se, nous, vous.*

Le *verbe impersonnel* qui ne s'emploie qu'à

la troisième personne, comme *il pleut, il faut, il neige, il tonne.*

Il y a aussi deux *verbes auxiliaires* qui servent à conjuguer les autres verbes, l'un est le verbe *Être*, l'autre le verbe *Avoir*.

On appelle aussi le verbe *être* substantif parce qu'il marque l'existence.

D. *Que faut-il remarquer dans l'orthographe des verbes ?*

R. Il convient de remarquer qu'il faut toujours une *s*, à la seconde personne du singulier de chaque temps, un *z*, à la seconde personne du pluriel, et une *n* et un *t*, à la troisième personne du pluriel ;

EXEMPLE : *tu aimes, vous aimez, ils aiment.*

Quand il y a deux noms ou deux singuliers devant un verbe, il doit toujours se mettre au pluriel ;

EXEMPLE : *Pierre et Paul travaillent. La mère et l'enfant jouent ensemble.*

D. *Qu'est-ce qu'une* personne *dans les* verbes ?

R. Une *personne* dans les *verbes* est un mot qui exprime quelle est la personne ou la chose qui agit, qui souffre ou qui est.

D. *Combien les* verbes *ont-ils de nombres et de personnes ?*

R. Il y a deux nombres dans les *verbes*, le *singulier* et le *pluriel* ; le *singulier* quand on parle d'une seule personne ou d'une seule chose ; le *pluriel* quand on parle de plusieurs personnes ou de plusieurs choses.

Il y a trois *personnes* :

La *première personne* est celle qui parle ou qui agit, comme *je travaille, nous travaillons; je lirai, nous lirons.*

La *seconde personne* est celle à qui l'on parle, comme *tu travailles, tu lis; vous travaillez, vous lisez.*

La *troisième personne* est celle de qui l'on parle, comme *Dieu aime la vertu. Le loup a dévoré l'agneau.*

D. *Combien y a-t-il de* temps *dans les* verbes ?

R. Il n'y a que trois *temps* auxquels se rapportent tous les autres : le *présent*, qui marque que la chose est ou se fait actuellement, comme *je lis* ; le *passé* ou *prétérit* qui marque que la chose a été faite, comme *j'ai lu* ; le *futur* qui marque que la chose sera ou se fera, comme *je lirai.*

D. *Combien distingue-t-on de* prétérits *ou* passés ?

R. Il y a trois sortes de *prétérits* ou *passés*.

Le *prétérit indéfini*, le *prétérit simple* ou *défini*, et le *prétérit antérieur*.

Le *prétérit indéfini* marque une chose passée dans un temps qui dure encore, comme quand on dit :

J'ai bien travaillé cette année, — *ce printemps,* — *ce mois ci,* — *aujourd'hui.*

Le *prétérit simple* ou *défini*, marque une chose passée dans un temps entièrement expiré, comme quand on dit :

Je fis tous mes efforts pour contenter mes parens, l'année dernière, ou bien, *je rendis compte la semaine dernière du fruit de mon travail.*

Le *prétérit antérieur*, marque une chose passée avant une autre ;

Exemple : *Le dernier exercice que je soutins, quand j'eus reçu mes prix, je me retirai content.*

D. *Quand doit-on se servir du* prétérit défini *ou du* prétérit indéfini ?

R. On ne doit se servir du *prétérit défini*, qu'en parlant d'un temps absolument écoulé et dont il ne reste plus rien ; ainsi on ne peut pas dire, *j'étudiai aujourd'hui*, — *cette année*, — *cette semaine*, parce que le jour, — la semaine, — l'année, ne sont pas encore passés.

On ne dit pas non plus, *j'étudiai ce matin.* Il faut pour employer le *prétérit défini*, qu'il y ait l'intervalle d'un jour ; mais on dit bien, *j'étudiai hier*, — *la semaine dernière*, — *l'an passé.*

Le *prétérit indéfini* s'emploie indifféremment, on dit aussi, *j'ai étudié la semaine dernière*, — *l'an passé.*

D. *Combien y a-t-il de* modes *dans les* verbes ?

R. Il y a cinq *modes* ou manières de signifier dans les *verbes français*.

1.º L'*Indicatif*, quand on affirme que la chose est, ou qu'elle a été, ou qu'elle sera ;

EXEMPLE : *Je travaille, je lis, j'étudie.*

2.º Le *Conditionnel*, quand on dit qu'une chose seroit ou qu'elle auroit été, moyennant une condition ;

EXEMPLE : *J'irois à Paris avec vous, si mes parens me le permettoient.*

3.º L'*Impératif*, quand on commande de faire une chose ;

EXEMPLE : *Lisez, étudiez, travaillez.*

4.º Le *Subjonctif*, quand on souhaite ou qu'on doute que la chose se fasse. Ce mode est toujours précédé d'un autre verbe avec lequel il est joint par la conjonction *que*, comme dans ces phrases ; *je désire que vous soyez heureux ; on doute que la paix se fasse.*

5.º L'*Infinitif*, qui exprime l'état ou l'action en général, sans nombres ni personnes, comme *lire, parler, comprendre*.

D. *Quels sont les* temps primitifs *des verbes* ?

R. Les *temps primitifs* des verbes sont ceux qui servent à en former d'autres ; comme le *présent de l'indicatif et de l'infinitif*, le *prétérit défini*, le *participe présent* et *le participe passé*.

D. *Qu'est-ce que* conjuguer *un* verbe ?

R. Le mot de *conjugaison* signifie assemblage ; conjuguer un verbe, c'est en réciter les différens *modes* avec tous leurs *temps*, leurs *nombres*, et leurs *personnes*.

D. *Combien y a-t-il de* conjugaisons *en français ?*

R. Il y a en français quatre *conjugaisons* différentes que l'on distingue par la terminaison du *présent de l'infinitif*.

La première *conjugaison* a l'infinitif terminé en *er*, comme *aimer*.

La seconde *conjugaison* a l'infinitif terminé en *ir*, comme *finir*.

La troisième *conjugaison* a l'infinitif terminé en *oir*, comme *recevoir*.

La quatrième *conjugaison* a l'infinitif terminé en *re*, comme *rendre*, *entendre*, *comprendre*.

D. *Comment se conjuguent les* verbes impersonnels?

R. Les *verbes impersonnels* se conjuguent comme les autres, excepté qu'ils ne s'emploient qu'à la troisième personne du singulier dans tous les temps, comme *il faut, il importe, il pleut*.

D. *Qu'entend-on par* verbes irréguliers ?

R. On entend par *verbes irréguliers*, ceux qui ne suivent pas les règles générales des conjugaisons; tels sont : *aller, venir, s'asseoir, coudre*.

FRANÇAISE. 39

D. Quels sont les verbes défectueux ?

R. Les *verbes défectueux* sont ceux qui manquent de quelques temps, comme *clore, frire*.

D. A quel temps du Subjonctif se met le verbe, après que régissant ce mode ?

R. Le verbe qui est après *que* se met au *présent* du subjonctif quand le premier est au *présent* ou au *futur* ;

Exemple : *Il faut que vous soyez plus attentif.*

Si le premier étoit à l'*imparfait*, ou à l'un des *conditionnels*, il faudroit mettre l'*imparfait du subjonctif* ;

Exemple : *Il falloit, il eût fallu, ou il auroit fallu que vous fussiez plus attentif.*

ACCORD DES VERBES

AVEC LEUR NOMINATIF OU SUJET.

D. Qu'est-ce que le sujet ou le nominatif d'un verbe ?

R. On appelle *sujet* ou *nominatif* d'un verbe, ce qui est, ce qui fait la chose qu'exprime le verbe, ou bien la personne de qui on parle ; par exemple : *le loup a dévoré l'agneau,* je parle du loup, c'est le loup qui fait la chose qu'exprime le verbe, c'est donc le loup qui est le *sujet* ou le *nominatif* du verbe *dévorer*.

D. *Comment connoît-on le* sujet *ou* nominatif *d'un* verbe ?

R. On connoît le *sujet* ou *nominatif* d'un verbe en faisant l'interrogation *qui est-ce qui*; le nom de la réponse est le nominatif du verbe;

Exemple : *Dieu a créé le monde*; je demande : *Qui est-ce qui a créé?* on répond : *Dieu*; le mot *Dieu* est donc le *nominatif* du verbe *créer.*

D. *Quand le* nominatif *ou* sujet *se met-il après le* verbe ?

R. Le *nominatif*, soit *nom*, soit *pronom*, se place toujours après le verbe quand on interroge;

Exemple : *Que penseront de vous les honnêtes gens si vous n'êtes pas sage ?*

Règle. Tout *verbe* doit être du même nombre et de la même personne que son *nominatif* ou *sujet*;

Exemple : *Je parle*, *parle* est du nombre singulier et de la première personne, parce que *je*; son *nominatif* est du singulier et de la première personne.

Remarque. Quand un verbe a deux *nominatifs* singuliers, on met ce verbe au pluriel;

Exemple : *Mon frère et ma sœur lisent.*

RÉGIME.

RÉGIME DES VERBES ACTIFS.

D. *Qu'est-ce que le* régime direct du verbe *et comment le connoit-on* ?

R. Le *régime direct* est le nom sur lequel le verbe agit directement; par exemple, *Annibal a vaincu les Romains*; le verbe vaincre agit directement sur les Romains, ce mot *Romains* est donc le *régime direct*.

On connoit le régime direct en faisant la question *qu'est-ce que* ou *quoi*; par exemple: *Scipion a détruit la ville de Carthage*, je demande : *qu'est-ce que* Scipion a détruit? on répond : *la ville de Carthage*; le mot *ville* est donc le *régime direct* du verbe *détruire*.

Romulus a fondé Rome, je demande : *a fondé quoi*? on répond : *Rome*; le mot *Rome* est donc le *régime direct* du verbe *fonder*.

D. *Outre le* régime direct, *les verbes n'ont-ils pas quelquefois un autre* régime *qu'on nomme* indirect?

R. Certains *verbes actifs* peuvent avoir un second *régime* que l'on nomme *indirect*; il se marque par les mots *à* ou *de* : comme *donner une image à l'enfant*; ce dernier mot *à l'enfant*, est le *régime indirect* du verbe donner. *Accuser quelqu'un de mensonge*; *de mensonge* est le *régime indirect* du verbe *accuser*.

CHAPITRE VI.

SIXIÈME ESPÈCE DE MOTS.

Le Participe.

D. *Qu'est-ce que le* Participe ?

R. Le *Participe* est un mot qui tient du verbe et de l'adjectif, comme *aimant, aimé*: il tient du verbe, en ce qu'il en a la signification et le régime; *aimant Dieu, aimé de Dieu.* Il tient aussi de l'adjectif, en ce qu'il qualifie une personne ou une chose; c'est-à-dire, qu'il en marque la qualité, comme *vieillard honoré, vertu éprouvée.*

D. *Y a-t-il plusieurs* participes ?

R. Il y a deux sortes de *participes*, le *participe présent*, et le *participe passé;* le *participe présent* ne varie jamais, c'est-à-dire, qu'il ne prend ni genre, ni nombre, comme dans ces mots : *un homme lisant, une femme lisant.*

Il convient de remarquer ici qu'il ne faut pas confondre avec les participes, certains adjectifs verbaux, c'est-à-dire, qui viennent des verbes, comme *charmant, charmante; obligeant, obligeante; prévenant, prévenante.*

Les *adjectifs verbaux* s'accordent avec les noms auxquels ils se rapportent; mais les *participes présens* sont invariables.

Pour distinguer les *adjectifs verbaux* des *participes présents*, il faut voir si ces mots ont un régime. Lorsqu'ils ont un régime, ce sont des *participes*; lorsqu'ils n'ont point de régime, ils sont *adjectifs*.

Exemples : *Cette femme est douce, affable, prévenant tout le monde.*

Cette femme est douce, affable prévenante.

Dans la première phrase, le mot *prévenant* est un *participe*, parce qu'il est suivi du régime *tout le monde;* dans la seconde, il est *adjectif* parce qu'il n'a point de régime.

Le *participe passé* s'accorde toujours avec son nominatif ou avec son régime.

ACCORD DES PARTICIPES.

D. *Quand le* participe passé *s'accorde-t-il avec son nominatif*?

R. Le *participe passé* s'accorde en genre et nombre avec son nominatif quand il est accompagné du verbe auxiliaire *être*, c'est-à-dire, que l'on ajoute un *e*, si le sujet est féminin, et une *s* si le sujet est pluriel;

EXEMPLES:

Mon frère a été *puni*.   Ma sœur a été *punie*.
Mes frères ont été *punis*.   Mes sœurs ont été *punies*.
Mon frère est *tombé*.   Ma sœur est *tombée*.
Mes frères sont *tombés*.   Mes sœurs sont *tombées*.

Il n'y a qu'une seule exception à cette règle, elle se trouve dans les temps composés des *verbes réfléchis*;

EXEMPLES.

Elle s'est *mis* cela dans la tête, et non pas *mise*.

Quelques payens se sont *donné* la mort et non pas *donnés* avec une *s*.

Quand le *participe passé* est accompagné du verbe auxiliaire *avoir*, il ne s'accorde jamais avec son nominatif;

EXEMPLES.

Mon père a *écrit* une lettre.
Ma mère *a écrit* une lettre.
Mes sœurs *ont écrit* et non pas *écrites*.

Le *participe écrit*, ne change point, quoique le nominatif soit masculin *ou* féminin, singulier ou pluriel.

D. *Quand le* participe passé *s'accorde-t-il avec son régime direct ?*

R. Le *participe passé* s'accorde toujours avec son régime direct, quand ce régime est devant le participe ;

EXEMPLES.

La lettre que vous avez *écrite*; je l'ai *lue*. Les livres que j'avois *prêtés*, on les a *rendus*. Quelle affaire avez-vous *entreprise* ? Quand la race de Caïn *se fut multipliée* ? Combien d'ennemis n'a-t-il pas *vaincus* ?

REMARQUE. Quand le régime n'est placé qu'après le *participe*, ce *participe* ne s'accorde pas avec son régime;

EXEMPLES : J'ai *écrit* une lettre. J'ai *écrit* des lettres. Vous avez *acheté* un livre. Vous avez *acheté* des livres.

On voit ici que les mots *écrit* et *acheté* ne changent point, quoique le nominatif *soit masculin* ou *féminin*, *singulier* ou *pluriel*; parce que le *régime* est après le participe.

AUTRE REMARQUE. On doit écrire sans faire accorder; *Les vertus que j'ai* entendu *louer*; *Les vices que j'ai* résolu *d'éviter*. Pour connoître si le *régime* dépend du *participe*, il faut voir si on peut mettre le *régime* immédiatement après le *participe;* on ne peut pas dire ici, *j'ai* entendu *les vertus*, *j'ai* résolu *les vices*.

CHAPITRE VII.

SEPTIÈME ESPÈCE DE MOTS.

La Préposition.

D. *Qu'entend-on par le mot* Préposition *?*

R. La *Préposition* est un mot invariable qui sert à marquer les rapports que les choses ont entr'elles, et à joindre le nom ou pronom suivant au mot qui le précède ; par exemple, quand je dis : *le fruit* de *l'arbre* ; *de* marque le rapport qu'il y a entre *fruit* et *arbre* ; quand je dis : *utile* à *l'homme* ; *à* fait rapporter le nom *homme* à l'adjectif *utile* ; quand je dis : *j'ai reçu* de *mon père* ; *de* sert à lier le nom *père* au verbe *reçu*, &c. *de* et *à* sont des *prépositions*.

Le mot qui suit la *préposition* en est le régime.

La *préposition* a toujours un régime.

Cette espèce de mots s'appelle *préposition*, parce qu'elle se met immédiatement avant son régime. Il y en a encore beaucoup d'autres que voici :

TABLEAU DES PRÉPOSITIONS

A.	en.	pendant.
à cause.	en deçà de.	pour.
après.	entre.	près de.
attendu *ou* vu.	envers.	proche.
auprès.	environ.	quant à.
autour.	excepté.	sans.
avant.	hormis.	sauf.
avec.	hors.	selon.
chez.	jusque.	sous.
contre.	loin de.	suivant.
dans.	le long de.	sur.
de.	malgré.	touchant ou concernant.
de là.	moyennant.	vers.
depuis.	nonobstant.	vis-à-vis.
derrière.	outre.	voici.
dès.	par.	voilà.
devant.	par-devers.	durant.

CHAPITRE VIII.

HUITIÈME ESPÈCE DE MOTS.

L'Adverbe.

D. *Qu'est-ce que l'Adverbe ?*

R. L'*Adverbe* est un mot invariable ; il se joint ordinairement au verbe et à l'adjectif, pour en déterminer la signification, comme quand on dit : *cet enfant parle distinctement* ; par ce mot *distinctement*, l'on fait entendre qu'il parle d'une manière plutôt que d'une autre.

1.º Il y a des *adverbes* qui marquent la manière ; ils sont presque tous terminés en *ment* et se forment des adjectifs, comme *sagement*, de sage ; *poliment*, de poli ; *prudemment*, de prudent ; *modestement* de modeste.

2.º Il y a des *adverbes* qui marquent l'ordre comme *premièrement, secondement, d'abord, ensuite, auparavant* ;

EXEMPLE : D'abord *il faut éviter le mal*, ensuite *il faut faire le bien*.

3.º Il y a des *adverbes* qui marquent le

lieu, comme *où, ici, là, delà, dessous, dedans, dehors, ailleurs* ;

Exemples : *Où êtes-vous ? je suis ici, je vais là.*

4.º Il y a des *adverbes de temps* ; comme *hier, autrefois, bientôt, souvent, toujours, jamais* ;

Exemple : *Cet enfant joue* toujours, *et ne s'applique* jamais.

5.º Il y a des *adverbes de quantité* ; comme *beaucoup, peu, assez, trop, tant* ;

Exemple : *Il parle* beaucoup *et réfléchit* peu.

6.º Enfin il y a des *adverbes de comparaison* ; comme *plus, moins, aussi, autant* ;

Exemple : Plus *sage*, moins *sage que vous.*

Remarque. Certains adjectifs sont employés comme *adverbes*, lorsqu'ils sont placés près d'un verbe ; on dit : *chanter juste, parler bas, voir clair, rester court, frapper fort, sentir bon.*

D. *Quels sont les mots qu'on appelle* adverbes composés ?

R. Il y a une infinité de mots comme réunis ensemble qu'on appelle *adverbes* composés, parce qu'ils sont composés de plusieurs mots, tels que ceux ci : *à-contre cœur, à-chaque-bout-de-champ, au-bout-du-compte, en-moins-de-rien, quelque-peu, tout-d'un-temps, en-telle-sorte-que, à-proprement-parler*, et un très-grand nombre de cette sorte qu'il seroit trop long de rapporter.

CHAPITRE IX.

CHAPITRE IX.

NEUVIÈME ESPÈCE DE MOTS.

La Conjonction.

D. *Qu'est-ce que la* Conjonction ?

R. La *Conjonction* est un mot qui sert à joindre une phrase à une autre ; par exemple : quand on dit, *il pleure* et *il rit en même temps*, ce mot *et* lie la première phrase, *il pleure*, avec la seconde ; *il rit.*

D. *Y a-t-il différentes sortes de* Conjonctions ?

R. Il y a différentes sortes de *Conjonctions*;

1.º Pour marquer la liaison : *et, ni, aussi, que.*

2.º Pour marquer opposition : *mais, cependant, néanmoins, pourtant.*

3.º Pour marquer division : *ou, ou bien, soit.*

4.º Pour marquer exception : *sinon, quoique.*

5.º Pour comparer : *comme, de même que, ainsi que.*

6.º Pour ajouter : *de plus, d'ailleurs, outre que, encore.*

7.° Pour rendre raison : *car, parce que, puisque, vu que.*

8.° Pour marquer l'intention : *afin que, de peur que.*

9.° Pour conclure : *or, donc, ainsi, de sorte que.*

10.° Pour marquer le tems : *quand, lorsque, comme, dès que, tandis que.*

11.° Pour marquer le doute : *si, supposé que, pourvu que, en cas que.*

Il y a plusieurs autres conjonctions ; l'usage les fera connoître : la plus ordinaire est *que*, on distingue la conjonction *que* du *que* relatif, en ce qu'elle ne peut se tourner par *lequel, laquelle.*

D. Parmi les conjonctions, quelles sont celles qui veulent le verbe suivant au subjonctif ?

R. Voici celles qui régissent le subjonctif : *soit que, sans que, si ce n'est que, quoique, jusqu'à ce que, encore que, à moins que afin que, de peur que, de crainte que,* et en général quand on marque quelque doute, ou quelque souhait, comme *je souhaite, je doute que cet enfant soit jamais savant.*

CHAPITRE X.

DIXIÈME ESPÈCE DE MOTS.

L'interjection.

D. *Qu'est-ce que l'Interjection ?*

R. *L'interjection* est un mot dont on se sert pour exprimer un sentiment de l'ame, comme la joie, la douleur, &c.

La joie : *Ah ! Bon !*
La douleur : *Aye ! Ah ! Hélas ! Ouf !*
La crainte : *Ha ! Hé !*
L'aversion : *Fi, Fi donc !*
L'admiration : *Oh !*
Pour encourager : *Ça ! Allons ! Courage !*
Pour appeller : *Hola ! Hé !*
Pour faire taire : *Chut ! Paix !*

REMARQUES.
SUR L'ORTHOGRAPHE DES MOTS.

D. *Qu'est-ce qu'on entend par* accent, *et combien y a-t-il de sortes d'accents ?*

R. Les accents sont des petites notes qui marquent le son et l'inflexion de la voix,

Il y en a de trois sortes :

L'accent aigu (′), l'accent grave (`), l'accent circonflexe (^).

L'accent aigu se met sur tous les *e* fermés, comme sur *bonté, amitié, vérité.*

L'accent grave, sur tous les *e* ouverts, lorsqu'ils se trouvent à la fin des mots qui sont suivis d'une *s*, comme sur les mots *procès, accès, succès* ; il se met aussi sur *où,* quand il signifie quelque lieu, comme *où est-il ? Où va-t-il ?*

L'accent circonflexe se met sur toutes les voyelles longues, comme sur les mots *château, gâteau, tempête, gîte, flûte.*

D. *Qu'est-ce que l'*Apostrophe *?*

R. L'*Apostrophe* (') tient lieu d'une voyelle retranchée ; on en met une aux mots *l'amitié, l'homme,* parce qu'on ne peut pas dire : *la amitié, le homme ?*

D. *Où place-t-on le* Trait-d'union *?*

R. Le *Trait d'union* (-) se place entre

deux mots qui n'en forment qu'un seul, comme dans les mots *porte-crayon*, *long-temps*. On le place aussi à la fin des lignes, quand le mot n'est pas fini et qu'on en reporte le restant à l'autre ligne.

Il en est de même lorsque l'on interroge, comme dans les mots; *Que faites-vous? Où allez-vous?*

D. *Qu'est-ce qu'un* Tréma ?

R. On appelle *tréma* (¨) les deux points placés sur les voyelles *i*, *u*, *e*, quand ces lettres doivent être prononcées séparément de la voyelle qui précède, comme *haïr*, *païen*, *aïeul*, *Saül*.

D. *Qu'est-ce qu'une* Cédille ?

R. On appelle *Cédille* (ç) la petite virgule que l'on met sous le *c* devant *a*, *o*, *u*, pour avertir qu'il doit avoir le son d'une *s*, comme dans *façon*, *leçon*, *glaçon*, *reçu*.

D. *Qu'est-ce qu'un* Guillemet ?

R. On appelle *Guillemet* (») deux petites virgules qui se mettent au commencement de chaque ligne, des passages que l'on cite de quelques auteurs ;

Exemple: Fénélon a dit:
» A la Religion soyez toujours fidelle ;
« Vous ne serez jamais honnête homme sans elle.
« Dans tout pays l'athée est funeste aux états ;
« S'il ne l'est pas lui-même, il fait les scélérats. »

D. *Qu'est-ce qu'une* Paranthèse ?

R. On appelle *paranthèse* deux petits crochets ( ) dans lesquels on renferme quelques mots détachés ;

Exemple : *Celui qui refuse d'apprendre (dit le sage) tombera dans le mal.*

DE LA PONCTUATION.

D. *A quoi sert la* Virgule ?

R. La virgule (,) sert à marquer la division des parties d'une période ; dans la lecture elle sert à faire une pause ;

Exemple : *La douceur, la candeur, la simplicité sont les vertus de l'enfance.*

D. *Où place-t-on un* Point et Virgule ?

R. Le *Point avec la virgule* (;) se place entre deux phrases, dont l'une dépend de l'autre ;

Exemple : *La douceur est à la vérité une vertu ; mais elle ne doit pas dégénérer en foiblesse.*

D. *A quoi servent les* Deux points ?

R. Les *deux points* (:) servent à soutenir la voix et à faire une pause plus grande qu'au *point et virgule* ; ils se mettent après une phrase finie ; mais suivie d'une autre qui sert à l'étendre ou à l'éclaircir ;

Exemple : *Il ne faut jamais se moquer des misérables : car qui peut s'assurer d'être toujours heureux.*

D. *Où place-t-on le* Point ?

R. Le *point* (.) se place à la fin de la

phrase quand le sens est entièrement fini;

Exemple: *Le mensonge est le plus bas de tous les vices.*

D. Qu'est-ce qu'un Point Interrogatif?

R. Le *Point Interrogatif* (?) se met à la fin des phrases qui expriment une interrogation;

Exemple: *Quoi de plus beau que la vertu?* ou bien, *Que répondrez-vous à vos parens?*

D. Que marque le Point Admiratif?

R. Le *Point admiratif* (!) marque l'admiration ou la surprise;

Exemple: *Qu'il est doux de servir le Seigneur! Qu'il est glorieux de mourir pour la patrie!*

MANIÈRE

de faire les parties du discours, ou l'analyse grammaticale d'une phrase.

D. *Qu'est-ce que faire les* Parties du discours ?

R. On entend par faire les *parties du discours*, expliquer un discours mot à mot: en marquant sous quelle *partie du discours* chaque terme doit être rangé d'après les règles de la Grammaire.

Les élèves ne sauroient trop s'exercer à faire par écrit et de vive voix ces sortes de décompositions ou analyses.

Elles contribuent beaucoup à faire faire des progrès rapides dans l'étude de la Grammaire. Nous croyons devoir donner, ici, un court exemple de l'analyse du discours, par la phrase suivante.

Un enfant doux, poli et studieux, donne toujours de la satisfaction à ses Parens et à ses Maîtres.

Un, article masculin singulier; *enfant*, nom substantif singulier masculin, nominatif de la phrase; *doux*, adjectif singulier masculin se rapportant à enfant; *poli*, autre adjectif singulier masculin, se rapportant aussi à enfant; *et*, conjonction; *studieux*, adjectif singulier masculin, se rapportant encore à enfant; *donne*, troisième personne du singulier du présent de l'indicatif du verbe donner, première conjugaison, et au singulier, parceque son nominatif est du singulier; *toujours*, adverbe de temps; *de*, préposition; *la*, article singulier féminin; *satisfaction*, nom substantif singulier féminin, régime direct du verbe; *à*, préposition; *ses*, adjectif possessif pluriel des deux genres, se rapportant à parens; *parens*, nom substantif pluriel masculin régime indirect du verbe; *et*, conjonction; *à*, préposition; *ses*, adjectif possessif pluriel des deux genres se rapportant à maîtres; *maîtres*, nom substantif pluriel masculin, aussi régime indirect du verbe.

Suivent les différentes conjugaisons des Verbes.

VERBES.

Verbe Auxiliaire AVOIR.

INDICATIF.

Présent.

Sing. J'ai.
Tu as. (1)
Il *ou* elle a.
Plur. Nous avons.
Vous avez.
Ils *ou* elles ont.

Imparfait.

J'avois.
Tu avois.
Il avoit.
Nous avions.
Vous aviez.
Ils *ou* elles avoient.

Prétérit défini.

J'eus.
Tu eus.
Il eût.
Nous eûmes.
Vous eûtes.
Ils eurent.

Prétérit indéfini. (2)

J'ai eu.
Tu as eu.
Il a eu.
Nous avons eu.
Vous avez eu.
Ils ont eu.

Prétérit antérieur.

J'eus eu.
Tu eus eu.
Il eût eu.
Nous eûmes eu.
Vous eûtes eu.
Ils eurent eu.

Plusque-parfait.

J'avois eu.
Tu avois eu.
Il avoit eu.
Nous avions eu.
Vous aviez eu.
Ils avoient eu.

---

(1) Toutes les secondes personnes du Singulier ont une s à la fin.

(2) On appelle prétérit *défini* celui qui marque un temps entièrement passé; exemple : *j'eus hier la fièvre*. On appelle prétérit *indéfini*, celui qui marque un temps dont il peut rester encore quelque partie à s'écouler; exemple : *j'ai eu la fièvre aujourd'hui*. On appelle prétérit *antérieur*, celui qui marque une chose faite avant une autre; exemple : *dès que nous eûmes vu la fête, nous partîmes*.

Futur.

J'aurai.
Tu auras.
Il aura.
Nous aurons.
Vous aurez.
Ils auront.

Futur passé.

J'aurai eu.
Tu auras eu.
Il aura eu.
Nous aurons eu.
Vous aurez eu.
Ils auront eu.

CONDITIONNELS.

Présent.

J'aurois.
Tu aurois.
Il auroit.
Nous aurions.
Vous auriez.
Ils auroient.

Passé.

J'aurois eu.
Tu aurois eu.
Il auroit eu.
Nous aurions eu.
Vous auriez eu.
Ils auroient eu.

On dit aussi : *j'eusse eu, tu eusses eu, il eût eu, nous eussions eu, vous eussiez eu, ils eussent eu.*

IMPÉRATIF.

Point de première personne.

Aye.
Qu'il ait.
Ayons.
Ayez.
Qu'ils ayent.

SUBJONCTIF.

Présent ou Futur.

Que j'aye.
Qu tu ayes.
Qu'il ait.
Que nous ayons.
Que vous ayez.
Qu'ils aient.

Imparfait.

Que j'eusse.
Que tu eusses.
Qu'il eût.
Que nous eussions.
Que vous eussiez.
Qu'ils eussent.

Prétérit.

Que j'aye eu.
Que tu ayes eu.
Qu'il ait eu.
Que nous ayons eu.
Que vous ayez eu.
Qu'ils ayent eu.

Plusque-parfait.

Que j'eusse eu.
Que tu eusses eu.
Qu'il eût eu.
Que nous eussions eu.
Que vous eussiez eu.
Qu'ils eussent eu.

INFINITIF.	PARTICIPES.
PRÉSENT.	PRÉSENT.
Avoir.	Ayant.
	PASSÉ.
	Eu, eue, ayant eu.
PRÉTÉRIT.	FUTUR.
Avoir eu.	Devant avoir.

Verbe Auxiliaire ÊTRE.

INDICATIF.

PRÉSENT.

Je suis.
Tu es.
Il *ou* elle est.
Nous sommes.
Vous êtes.
Ils *ou* elles sont.

IMPARFAIT.

J'étois.
Tu étois.
Il *ou* elle étoit.
Nous étions.
Vous étiez.
Ils *ou* elles étoient.

PRÉTÉRIT DÉFINI.

Je fus.
Tu fus.
Il fut.
Nous fûmes.
Vous fûtes.
Ils furent.

PRÉTÉRIT INDÉFINI.

J'ai été.
Tu as été.
Il a été.
Nous avons été.
Vous avez été.
Ils ont été.

PRÉTÉRIT ANTÉRIEUR.

J'eus été.
Tu eus été.
Il eût été.
Nous eûmes été.
Vous eûtes été.
Ils eurent été.

PLUSQUE-PARFAIT.

J'avois été.
Tu avois été.
Il avoit été.
Nous avions été.
Vous aviez été.
Ils avoient été.

Futur.
Je serai.
Tu seras.
Il sera.
Nous serons.
Vous serez.
Ils seront.

Futur passé.
J'aurai été.
Tu auras été.
Il aura été.
Nous aurons été.
Vous aurez été.
Ils auront été.

CONDITIONNELS.
Présent.
Je serois.
Tu serois.
Il seroit.
Nous serions.
Vous seriez.
Ils seroient.

Passé.
J'aurois été.
Tu aurois été.
Il auroit été.
Nous aurions été.
Vous auriez été.
Ils auroient été.

On dit aussi : *j'eusse été, tu eusses été, il eût été, nous eussions été, vous eussiez été, ils eussent été.*

IMPÉRATIF.
Point de première personne.
Sois.
Qu'il soit.
Soyons.
Soyez.
Qu'ils soyent.

SUBJONCTIF.
Présent.
Que je sois.
Que tu sois.
Qu'il soit.
Que nous soyons.
Que vous soyez.
Qu'ils soient.

Imparfait.
Que je fusse.
Que tu fusses.
Qu'il fût.
Que nous fussions.
Que vous fussiez.
Qu'il fussent.

Prétérit.
Que j'aye été.
Que tu ayes été.
Qu'il ait été.
Que nous ayons été.
Que vous ayez été.
Qu'ils aient été.

Plusque-parfait.
Que j'eusse été.
Que tu eusses été.
Qu'il eût été.
Que nous eussions été.
Que vous eussiez été.
Qu'ils eussent été.

INFINITIF.
Présent.
Être.

Prétérit.
Avoir été.

FRANÇAISE. 61

PARTICIPES.	PASSÉ.
PRÉSENT.	Été, ayant été.
	FUTUR.
Étant.	Devant être.

PREMIÈRE CONJUGAISON.
EN ER.

INDICATIF.	PRÉTÉRIT INDÉFINI.
PRÉSENT.	J'ai aimé.
J'aime.	Tu as aimé.
Tu aimes.	Il a aimé.
Il *ou* elle aime.	Nous avons aimé.
Nous aimons.	Vous avez aimé.
Vous aimez.	Ils ont aimé.
Ils *ou* elles aiment.	PRÉTÉRIT ANTÉRIEUR.
IMPARFAIT.	J'eus aimé.
J'aimois.	Tu eus aimé.
Tu aimois.	Il eut aimé.
Il aimoit.	Nous eûmes aimé.
Nous aimions.	Vous eûtes aimé.
Vous aimiez.	Ils eurent aimé. (1)
Ils *ou* elles aimoient.	PLUSQUE-PARFAIT.
PRÉTÉRIT DÉFINI.	J'avois aimé.
J'aimai.	Tu avois aimé.
Tu aimas.	Il avoit aimé.
Il aima.	Nous avions aimé.
Nous aimâmes.	Vous aviez aimé.
Vous aimâtes.	Ils avaient aimé.
Ils aimèrent.	

(1) Il y a un quatrième prétérit dont on se sert rarement; le voici.

J'ai eu aimé.	Nous avons eu aimé.
Tu as eu aimé.	Vous avez eu aimé.
Il a eu aimé.	Ils ont eu aimé.

FUTUR.

J'aimerai.
Tu aimeras.
Il aimera.
Nous aimerons.
Vous aimerez.
Ils aimeront.

FUTUR PASSÉ.

J'aurai aimé.
Tu auras aimé.
Il aura aimé.
Nous aurons aimé.
Vous aurez aimé.
Ils auront aimé.

CONDITIONNELS.
PRÉSENT.

J'aimerois.
Tu aimerois.
Il aimeroit.
Nous aimerions.
Vous aimeriez.
Ils aimeroient.

PASSÉ.

J'aurois aimé.
Tu aurois aimé.
Il auroit aimé.
Nous aurions aimé.
Vous auriez aimé.
Ils auroient aimé.

On dit aussi : *J'eusse aimé, tu eusses aimé, il eût aimé, nous eussions aimé, vous eussiez aimé, ils eussent aimé.*

IMPÉRATIF.

Point de première personne
Aime.
Qu'il aime.
Aimons.
Aimez.
Qu'ils aiment.

SUBJONCTIF.
PRÉSENT OU FUTUR

Que j'aime.
Que tu aimes.
Qu'il aime.
Que nous aimions.
Que vous aimiez.
Qu'ils aiment.

IMPARFAIT.

Que j'aimasse.
Que tu aimasses.
Qu'il aimât.
Que nous aimassions.
Que vous aimassiez.
Qu'ils aimassent.

PRÉTÉRIT.

Que j'aye aimé.
Que tu ayes aimé.
Qu'il ait aimé.
Que nous ayons aimé.
Que vous ayez aimé.
Qu'ils aient aimé.

PLUSQUE-PARFAIT.

Que j'eusse aimé.
Que tu eusses aimé.
Qu'il eût aimé.
Que nous eussions aimé.
Que vous eussiez aimé.
Qu'ils eussent aimé.

INFINITIF.
PRÉSENT.

Aimer.

PRÉTÉRIT.

Avoir aimé.

PARTICIPES.	PASSÉ.
PRÉSENT.	Aimé, aimée, ayant aimé.
	FUTUR.
Aimant..	Devant aimer.

Ainsi se conjuguent les verbes *chanter*, *danser*, *manger*, *appeler*, et tous ceux dont l'infinitif se termine en *er*.

SECONDE CONJUGAISON.

EN IR.

INDICATIF.	Il finit.
PRÉSENT.	Nous finîmes.
	Vous finîtes.
Je finis.	Ils finirent.
Tu finis.	PRÉTÉRIT INDÉFINI.
Il finit.	J'ai fini.
Nous finissons.	Tu as fini.
Vous finissez.	Il a fini.
Ils finissent.	Nous avons fini.
IMPARFAIT.	Vous avez fini.
Je finissois.	Ils ont fini.
Tu finissois.	PRÉTÉRIT ANTÉRIEUR.
Il finissoit.	J'eus fini.
Nous finissions.	Tu eus fini.
Vous finissiez.	Il eût fini.
Ils finissoient.	Nous eûmes fini.
PRÉTÉRIT DÉFINI.	Vous eûtes fini.
Je finis.	Ils eurent fini. (1)
Tu finis.	

---

(1) Il y a un quatrième prétérit, mais on s'en sert rarement; le voici :

J'ai eu fini.	Nous avons eu fini.
Tu as eu fini.	Vous avez eu fini.
Il a eu fini.	Ils ont eu fini.

PLUSQUE-PARFAIT.

J'avois fini.
Tu avois fini.
Il avoit fini.
Nous avions fini.
Vous aviez fini.
Ils avoient fini.

FUTUR.

Je finirai.
Tu finiras.
Il finira.
Nous finirons.
Vous finirez.
Ils finiront.

FUTUR PASSÉ.

J'aurai fini.
Tu auras fini.
Il aura fini.
Nous aurons fini.
Vous aurez fini.
Ils auront fini.

CONDITIONNELS.

PRÉSENT.

Je finirois.
Tu finirois
Il finiroit.
Nous finirions.
Vous finiriez.
Ils finiroient.

PASSÉ.

J'aurois fini.
Tu aurois fini.
Il auroit fini.
Nous aurions fini.
Vous auriez fini.
Ils auroient fini.

On dit aussi : *j'eusse fini, tu eusses fini, il eût fini, nous eussions fini, vous eussiez fini, ils eussent fini.*

IMPÉRATIF.

Point de première personne.
Finis.
Qu'il finisse.
Finissons.
Finissez.
Qu'ils finissent.

SUBJONCTIF.

PRÉSENT OU FUTUR.

Que je finisse.
Que tu finisses.
Qu'il finisse.
Que nous finissions.
Que vous finissiez.
Qu'ils finissent.

IMPARFAIT.

Que je finisse.
Que tu finisses.
Qu'il finît.
Que nous finissions.
Que vous finissiez.
Qu'ils finissent.

PRÉTÉRIT.

Que j'aye fini.
Que tu ayes fini.
Qu'il ait fini.
Que nous ayons fini.
Que vous ayez fini.
Qu'ils ayent fini.

PLUSQUE-PARFAIT.

Que j'eusse fini.
Que tu eusses fini.
Qu'il eût fini.

FRANÇAISE.　　　　65

Que nous eussions fini.
Que vous eussiez fini.
Qu'ils eussent fini.

INFINITIF.

PRÉSENT.

Finir.

PRÉTÉRIT.

Avoir fini.

PARTICIPES.

PRÉSENT.

Finissant.

PASSÉ.

Fini, finie, ayant fini.

FUTUR.

Devant finir.

Ainsi se conjuguent *avertir*, *guérir* ensevelir, *bénir*; mais ce dernier a deux participes, *béni*, *bénite*, pour les choses consacrées par les prières des Prêtres : *béni*, *bénie*, par-tout ailleurs. *Haïr*; mais ce verbe fait au présent de l'indicatif je *hais*, tu *hais*, il *hait*; on prononce : je *hès*, tu *hès*, il *hèt*.

TROISIÈME CONJUGAISON.

EN OIR.

INDICATIF.

PRÉSENT.

Je reçois.
Tu reçois.
Il reçoit.
Nous recevons.
Vous recevez.
Ils reçoivent.

IMPARFAIT.

Je recevois.
Tu recevois.
Il recevoit.
Nous recevions.

Vous receviez.
Ils recevoient.

PRÉTÉRIT DÉFINI.

Je reçus.
Tu reçus.
Il reçut.
Nous reçûmes.
Vous reçûtes.
Ils reçurent.

PRÉTÉRIT INDÉFINI.

J'ai reçu.
Tu as reçu.
Il a reçu.

Nous avons reçu.
Vous avez reçu.
Ils ont reçu.

PRÉTÉRIT ANTÉRIEUR.

J'eus reçu.
Tu eus reçu.
Il eut reçu.
Nous eûmes reçu.
Vous eûtes reçu.
Il eurent reçu (1)

PLUSQUE-PARFAIT.

J'avois reçu.
Tu avois reçu.
Il avoit reçu.
Nous avions reçu.
Vous aviez reçu.
Ils avoient reçu.

FUTUR.

Je recevrai.
Tu recevras.
Il recevra.
Nous recevrons.
Vous recevrez.
Ils recevront.

FUTUR PASSÉ.

J'aurai reçu.
Tu auras reçu.
Il aura reçu.
Nous aurons reçu.
Vous aurez reçu.
Ils auront reçu.

CONDITIONNELS.

PRÉSENT.

Je recevrois.
Tu recevrois.
Il recevroit.
Nous recevrions.
Vous recevriez.
Ils recevroient.

PASSÉ.

J'aurois reçu.
Tu aurois reçu.
Il auroit reçu.
Nous aurions reçu.
Vous auriez reçu.
Ils auroient reçu.

On dit aussi : *j'eusse reçu, tu eusses reçu, il eût reçu, nous eussions reçu, vous eussiez reçu, ils eussent reçu.*

IMPÉRATIF.

Point de première personne.
Reçois.
Qu'il reçoive.
Recevons.
Recevez.
Qu'ils reçoivent.

SUBJONCTIF.

PRÉSENT OU FUTUR.

Que je reçoive.
Que tu reçoives.
Qu'il reçoive.

───────────────

(1) Il y a un quatrième prétérit, mais on s'en sert rarement; le voici :

J'ai eu reçu.
Tu as eu reçu.
Il a eu reçu.

Nous avons eu reçu.
Vous avez eu reçu,
Ils ont eu reçu.

Que nous recevions.
Que vous receviez.
Qu'ils reçoivent.

IMPARFAIT.

Que je reçusse.
Que tu reçusses.
Qu'il reçût.
Que nous reçussions.
Que vous reçussiez.
Qu'ils reçussent.

PRÉTÉRIT.

Que j'aye reçu.
Que tu ayes reçu.
Qu'il ait reçu.
Que nous ayons reçu.
Que vous ayez reçu.
Qu'ils aient reçu.

PLUSQUE-PARFAIT.

Que j'eusse reçu.
Que tu eusses reçu.
Qu'il eût reçu.
Que nous eussions reçu.
Que vous eussiez reçu.
Qu'ils eussent reçu.

INFINITIF.

PRÉSENT.

Recevoir.

PRÉTÉRIT.

Avoir reçu.

PARTICIPES.

PRÉSENT.

Recevant.

PASSÉ.

Reçu, reçue, ayant reçu.

FUTUR.

Devant recevoir.

Ainsi se conjugent : *appercevoir, concevoir, devoir, percevoir.*

QUATRIÈME CONJUGAISON.

EN RE.

INDICATIF.

PRÉSENT.

Je rends.
Tu rends.
Il rend.
Nous rendons.
Vous rendez.
Ils rendent.

IMPARFAIT.

Je rendois.
Tu rendois.
Il rendoit.
Nous rendions.
Vous rendiez.
Ils rendoient.

GRAMMAIRE

Prétérit défini.

Je rendis.
Tu rendis.
Il rendit.
Nous rendîmes.
Vous rendîtes.
Ils rendirent.

Prétérit indéfini.

J'ai rendu.
Tu as rendu.
Il a rendu.
Nous avons rendu.
Vous avez rendu.
Ils ont rendu.

Prétérit antérieur.

J'eus rendu.
Tu eus rendu.
Il eût rendu.
Nous eûmes rendu.
Vous eûtes rendu.
Ils eurent rendu. (1)

Plusque-parfait.

J'avois rendu.
Tu avois rendu.
Il avoit rendu.
Nous avions rendu.
Vous aviez rendu.
Ils avoient rendu.

Futur.

Je rendrai.
Tu rendras.
Il rendra.
Nous rendrons.
Vous rendrez.
Ils rendront.

Futur passé.

J'aurai rendu.
Tu auras rendu.
Il aura rendu.
Nous aurons rendu.
Vous aurez rendu.
Ils auront rendu.

CONDITIONNELS.

Présent.

Je rendrois.
Tu rendrois.
Il rendroit.
Nous rendrions.
Vous rendriez.
Ils rendroient.

Passé.

J'aurois rendu.
Tu aurois rendu.
Ils auroit rendu.
Nous aurions rendu.
Vous auriez rendu.
Ils auroient rendu.

On dit aussi : *j'eusse rendu,*

---

(1) Il y a un quatrième prétérit, mais on s'en sert rarement ; le voici :

J'ai eu rendu.
Tu as eu rendu.
Il a eu rendu.

Nous avons eu rendu.
Vous avez eu rendu.
Ils ont eu rendu.

tn eusses rendu, il eût rendu, nous eussions rendu, vous eussiez rendu, ils eussent rendu.

IMPÉRATIF.

Point de première personne.
Rends.
Qu'il rende.
Rendons.
Rendez.
Qu'ils rendent.

SUBJONCTIF.

PRÉSENT OU FUTUR.

Que je rende.
Que tu rendes.
Qu'il rende.
Que nous rendions.
Que vous rendiez.
Qu'ils rendent.

IMPARFAIT.

Que je rendisse.
Que tu rendisses.
Qu'il rendît.
Que nous rendissions.
Que vous rendissiez.
Qu'ils rendissent.

PRÉTÉRIT.

Que j'aye rendu.
Que tu ayes rendu.
Qu'il ait rendu.
Que nous ayons rendu.
Que vous ayez rendu.
Qu'ils aient rendu.

PLUSQUE-PARFAIT.

Que j'eusse rendu.
Que tu eusses rendu.
Qu'il eût rendu.
Que nous eussions rendu.
Que vous eussiez rendu.
Qu'ils eussent rendu.

INFINITIF.

PRÉSENT.

Rendre.

PRÉTÉRIT.

Avoir rendu.

PARTICIPES.

PRÉSENT.

Rendant.

PASSÉ.

Rendu, rendue, ayant rendu.

FUTUR.

Devant rendre.

Ainsi se conjuguent *attendre, entendre, suspendre, vendre,* &c.

VERBE PASSIF.

INDICATIF.

PRÉSENT.

Je suis aimé, *ou* aimée.
Tu es aimé, *ou* aimée.
Il est aimé, *ou* elle est aimée.
Nous sommes aimés, *ou* aimées.
Vous êtes aimés *ou* aimées.
Ils sont aimés, *ou* elles sont aimées.

IMPARFAIT.

J'étois aimé, *ou* aimée.
Tu étois aimé, *ou* aimée.
Il étoit aimé *ou* elle étoit aimée.
Nous étions aimés, *ou* aimées.
Vous étiez aimés, *ou* aimées.
Ils étoient aimés, *ou* elles étoient aimées.

PRÉTÉRIT DÉFINI.

Je fus aimé, *ou* aimée.
Tu fus aimé, *ou* aimée.
Il fut aimé, *ou* elle fut aimée.
Nous fûmes aimés, *ou* aimées.
Vous fûtes aimés *ou* aimées.
Ils furent aimés *ou* elles furent aimées.

PRÉTÉRIT INDÉFINI.

J'ai été aimé, *ou* aimée.
Tu as été aimé, *ou* aimée.
Il a été aimé, *ou* elle a été aimée.
Nous avons été aimés, *ou* aimées.
Vous avez été aimés *ou* aimées.
Ils ont été aimés, *ou* elles ont été aimées.

PRÉTÉRIT ANTÉRIEUR.

J'eus été aimé, *ou* aimée.
Tu eus été aimé, *ou* aimée.
Il eût été aimé, *ou* elle eût été aimée.
Nous eûmes été aimés, *ou* aimées.
Vous eûtes été aimés, *ou* aimées.
Ils eurent été aimés, *ou* elles eurent été aimées.

PLUSQUE-PARFAIT.

J'avois été aimé, *ou* aimée.
Tu avois été aimé, *ou* aimée.
Il avoit été aimé, *ou* elle avoit été aimée.
Nous avions été aimés, *ou* aimées.
Vous aviez été aimés, *ou* aimées.
Ils avoient été aimés, *ou* elles avoient été aimées.

FUTUR.

Je serai aimé, *ou* aimée.
Tu seras aimé, *ou* aimée.
Il sera aimé, *ou* elle sera aimée.
Nous serons aimés, *ou* aimées.
Vous serez aimés, *ou* aimées.
Ils seront aimés, *ou* elles seront aimées.

FUTUR PASSÉ.

J'aurai été aimé, *ou* aimée.
Tu auras été aimé, *ou* aimée.
Il aura été aimé, *ou* elle aura été aimée.
Nous aurons été aimés, *ou* aimées.
Vous aurez été aimés *ou* aimées.
Ils auront été aimés, *ou* elles auront été aimées.

CONDITIONNELS.

PRÉSENT.

Je serois aimé, *ou* aimée.
Tu serois aimé, *ou* aimée.
Il seroit aimé, *ou* elle seroit aimée.
Nous serions aimés, *ou* aimées.
Vous seriez aimés, *ou* aimées.
Ils seroient aimés, *ou* elles seroient aimées.

PASSÉ.

J'aurois été aimé, *ou* aimée.
Tu aurois été aimé, *ou* aimée.
Il auroit été aimé, *ou* elle auroit été aimée.
Nous aurions été aimés, *ou* aimées.
Vous auriez été aimés, *ou* aimées.
Ils auroient été aimés, *ou* elles auroient été aimées.

On dit aussi: *j'eusse été aimé,* ou *aimée; tu eusses été aimé,* ou *aimée; il eût été aimé,* ou *elle eût été aimée; nous eussions été aimés,* ou *aimées; vous eussiez été aimés,* ou *aimées; ils eussent été aimés,* ou *elles eussent été aimées.*

IMPÉRATIF.

Point de première personne.
Sois aimé, *ou* aimée.
Qu'il soit aimé *ou* qu'elle soit aimée.
Soyons aimés *ou* aimées.
Soyez aimés *ou* aimées.
Qu'ils soient aimés *ou* qu'elles soient aimées.

SUBJONCTIF.

PRÉSENT OU FUTUR.

Que je sois aimé, *ou* aimée.
Que tu sois aimé *ou* aimée.
Qu'il soit aimé *ou* qu'elle soit aimée.

Que nous soyons aimés, ou aimées.
Que vous soyez aimés, ou aimées.
Qu'ils soient aimés, ou qu'elles soient aimées.

IMPARFAIT.

Que je fusse aimé, ou aimée.
Que tu fusses aimé, ou aimée.
Qu'il fût aimé, ou qu'elle fut aimée.
Que nous fussions aimés, ou aimées.
Que vous fussiez aimés, ou aimées.
Qu'ils fussent aimés, ou qu'elles fussent aimées.

PRÉTÉRIT.

Que j'aie été aimé, ou aimée.
Que tu ayes été aimé, ou aimée.
Qu'il ait été aimé, ou qu'elle ait été aimée.
Que nous ayons été aimés, ou aimées.
Que vous ayez été aimés, ou aimées.
Qu'ils aient été aimés, ou qu'elles aient été aimées.

PLUSQUE-PARFAIT.

Que j'eusse été aimé, ou aimée.
Que tu eusses été aimé, ou aimée.
Qu'il eût été aimé, ou qu'elle eût été aimée.
Que nous eussions été aimés, ou aimées.
Que vous eussiez été aimés ou aimées.
Qu'ils eussent été aimés, ou qu'elles eussent été aimées.

INFINITIF.

PRÉSENT.

Être aimé *ou* aimée.

PRÉTÉRIT.

Avoir été aimé *ou* aimée.

PARTICIPES.

PRÉSENT.

Étant aimé, *ou* aimée.

PASSÉ.

Ayant été aimé *ou* aimée.

FUTUR.

Devant être aimé, *ou* aimée.

Ainsi se conjuguent *être fini*, *être reçu*, *être rendu*, &c. &c. &c.

VERBE NEUTRE.

INDICATIF.

Présent.

Je tombe.
Tu tombes.
Il *ou* elle tombe.
Nous tombons.
Vous tombez.
Ils *ou* elles tombent.

Imparfait.

Je tombois.
Tu tombois.
Il *ou* elle tomboit.
Nous tombions.
Vous tombiez.
Ils *ou* elles tomboient.

Prétérit défini.

Je tombai.
Tu tombas.
Il *ou* elle tomba.
Nous tombâmes.
Vous tombâtes.
Ils *ou* elles tombèrent.

Prétérit indéfini.

Je suis tombé, *ou* tombée.
Tu es tombé, *ou* tombée.
Il est tombé, *ou* elle es tombée.
Nous sommes tombés, *ou* tombées.
Vous êtes tombés, *ou* tombées.
Ils sont tombés, *ou* elles sont tombées.

Prétérit antérieur.

Je fus tombé, *ou* tombée.
Tu fus tombé, *ou* tombée.
Il fut tombé, *ou* elle fut tombée.
Nous fûmes tombés, *ou* tombées.
Vous fûtes tombés, *ou* tombées.
Ils furent tombés, *ou* elles furent tombées.

Plusque-parfait.

J'étois tombé, *ou* tombée.
Tu étois tombé, *ou* tombée.
Il étoit tombé, *ou* elle étoit tombée.
Nous étions tombés, *ou* tombées.
Vous étiez tombés, *ou* tombées.
Ils étoient tombés, *ou* elles étoient tombées.

Futur.

Je tomberai.
Tu tomberas.
Il tombera.
Nous tomberons.
Vous tomberez.
Ils *ou* elles tomberont.

Futur passé.

Je serai tombé, *u* tombée.
Tu seras tombé *ou* tombée.

Il sera tombé, *ou* elle sera tombée. ...
Nous serons tombés, *ou* tombées.
Vous serez tombés, *ou* tombées.
Ils seront tombés, *ou* elles seront tombées.

CONDITIONNELS.
PRÉSENT.

Je tomberois.
Tu tomberois.
Il *ou* elle tomberoit.
Nous tomberions.
Vous tomberiez.
Ils *ou* elles tomberoient.

PASSÉ.

Je serois tombé *ou* tombée.
Tu serois tombé, *ou* tombée.
Il seroit tombé, *ou* elle seroit tombée.
Nous serions tombés, *ou* tombées.
Vous seriez tombés, *ou* tombées.
Ils seroient tombés, *ou* elles seroient tombées.

On dit aussi : *je fusse tombé*, ou *tombée* ; *tu fusses tombé*, ou *tombée* ; *il fût tombé*, ou *elle fût tombée*; *nous fussions tombés*, ou *tombées* ; *vous fussiez tombés*, ou *tombées* ; *ils fussent tombés*, ou *elles fussent tombées.*

IMPÉRATIF.
Point de première personne.
Tombe.
Qu'il *ou* qu'elle tombe.
Tombons.
Tombez.
Qu'ils *ou* qu'elles tombent.

SUBJONCTIF.
PRÉSENT OU FUTUR.

Que je tombe.
Que tu tombes.
Qu'il *ou* qu'elle tombe.
Que nous tombions.
Que vous tombiez.
Qu'ils *ou* qu'elles tombent.

IMPARFAIT.

Que je tombasse.
Que tu tombasses.
Qu'il *ou* qu'elle tombât.
Que nous tombassions.
Que vous tombassiez.
Qu'ils *ou* qu'elles tombassent.

PRÉTÉRIT.

Que je sois tombé, *ou* tombée.
Que tu sois tombé, *ou* tombée.
Qu'il soit tombé, ou qu'elle soit tombée.
Que nous soyons tombés, *ou* tombées.
Que vous soyez tombés, *ou* tombées.
Qu'ils soient tombés, *ou* qu'elles soient tombées.

FRANÇAISE.

PLUSQUE-PARFAIT.

Que je fusse tombé, *ou* tombée.
Que tu fusses tombé, *ou* tombée.
Qu'il fût tombé, *ou* qu'elle fût tombée.
Que nous fussions tombés *ou* tombées.
Que vous fussiez tombés, *ou* tombées.
Qu'ils fussent tombés, *ou* qu'elles fussent tombées.

INFINITIF.

PRÉSENT.

Tomber.

PRÉTÉRIT.

Être tombé, *ou* tombée.

PARTICIPES.

PRÉSENT.

Tombant.

PASSÉ.

Tombé, tombée, étant tombé.

FUTUR.

Devant tomber.

Conjuguez de même les verbes *aller, arriver, déchoir, décéder, entrer, sortir, mourir, naître, partir, rester, descendre, monter, passer, venir,* et ses composés, *devenir, survenir, revenir, parvenir,* etc, etc.

VERBE RÉFLÉCHI.

INDICATIF.

PRÉSENT.

Je me repens.
Tu te repens.
Il, *ou* elle se repent.
Nous nous repentons.
Vous vous repentez.
Ils, *ou* elles se repentent.

IMPARFAIT.

Je me repentois, &c.

PRÉTÉRIT DÉFINI.

Je me repentis, &c.

PRÉTÉRIT INDÉFINI.

Je me suis repenti, *ou* repentie.

PRÉTÉRIT ANTÉRIEUR.

Je me fus repenti, *ou* repentie.

PLUSQUE-PARFAIT.

Je m'étois repenti, *ou* repentie.

FUTUR.

Je me repentirai.

FUTUR PASSÉ.

Je me serai repenti, *ou* repentie.

CONDITIONNELS.

PRÉSENT.

Je me repentirois.

PASSÉ.
Je me serois repenti, *ou* repentie.
On dit aussi : *je me fusse repenti* ou *repentie*.

IMPÉRATIF.
Point de première personne.
Repens-toi.
Qu'il, *ou* qu'elle se repente.
Repentons-nous.
Repentez-vous.
Qu'ils, *ou* qu'elles se repentent.

SUBJONCTIF.
PRÉSENT OU FUTUR.
Que je me repente.
IMPARFAIT.
Que je me repentisse.

PRÉTÉRIT.
Que je me sois repenti, *ou* repentie.
PLUSQUE-PARFAIT.
Que je me fusse repenti, *ou* repentie.

INFINITIF.
PRÉSENT.
Se repentir.
PRÉTÉRIT.
S'être repenti, *ou* repentie.

PARTICIPES.
PRÉSENT.
Se repentant.
PASSÉ.
Repenti, s'étant repenti, *ou* repentie.
FUTUR.
Devant se repentir.

VERBE IMPERSONNEL.

INDICATIF.
PRÉSENT.
Il faut.
IMPARFAIT.
Il falloit.
PRÉTÉRIT DÉFINI.
Il fallut.
PRÉTÉRIT INDÉFINI.
Il a fallu.
PRÉTÉRIT ANTÉRIEUR.
Il eût fallu.
PLUSQUE-PARFAIT.
Il avoit fallu.
FUTUR.
Il faudra.
FUTUR PASSÉ.
Il aura fallu.

CONDITIONNELS.
PRÉSENT.
Il faudroit.
PASSÉ.
Il auroit fallu.
SUBJONCTIF.
PRÉSENT OU FUTUR.
Qu'il faille.
IMPARFAIT.
Qu'il fallût.
PRÉTÉRIT.
Qu'il ait fallu.
PLUSQUE-PARFAIT.
Qu'il eût fallu.
INFINITIF.
PRÉSENT.
Falloir.
PARTICIPE PASSÉ.
Ayant fallu.

Des temps primitifs.

On appelle *temps primitifs* d'un verbe, ceux qui servent à former les autres temps dans les quatre conjugaisons.

TABLEAU DES TEMS PRIMITIFS.

	Présent de l'Infinitif.	Participe présent.	Participe passé.	Présent de l'Indicatif.	Prétérit de l'Indicatif.
Première Conjugaison.	Aimer.	Aimant.	Aimé.	J'aime.	J'aimai.
Seconde Conjugaison.	Finir. Sentir. Ouvrir. Tenir.	Finissant. Sentant. Ouvrant. Tenant.	Fini. Senti. Ouvert. Tenu.	Je finis. Je sens. J'ouvre. Je tiens.	Je finis. Je sentis. J'ouvris. Je tins.
Troisième Conjugaison.	Recevoir.	Recevant.	Reçu.	Je reçois.	Je reçus.
Quatrième Conjugaison.	Rendre. Plaire. Paroître. Réduire. Plaindre.	Rendant. Plaisant. Paroissant. Réduisant. Plaignant.	Rendu. Plu. Paru. Réduit. Plaint.	Je rends. Je plais. Je parois. Je réduis. Je plains.	Je rendis. Je plus. Je parus. Je réduisis. Je plaignis.

FORMATION DES TEMPS.

I. Du présent de l'indicatif se forme l'impératif, en ôtant seulement le pronom *je*;

EXEMPLES: *j'aime*, impératif *aime*; *je finis*, impératif *finis*; *je reçois*, impératif *reçois*; *je rends*, impératif *rends*.

Excepté quatre verbes: *je suis*, impératif *sois*; *j'ai*, impératif *aye*; *je vais*, impératif *va*; *je sais*, impératif *sache*.

II. Du prétérit de l'indicatif se forme l'imparfait du subjonctif en changeant *ai* en *asse*, pour la première conjugaison: *j'aimai*, imparfait du subjonctif *que j'aimasse*; et en ajoutant seulement *se* pour les trois autres conjugaisons: *je finis, je finisse; je reçus, je reçusse; je rendis, je rendisse.*

III. Du présent de l'infinitif on forme:

1.º Le futur de l'indicatif, en changeant *r* ou *re* en *rai*;

EXEMPLES: *aimer, j'aimerai; finir, je finirai; rendre, je rendrai.*

EXCEPTIONS.

Première conjugaison. *Aller*, futur, *j'irai*; *envoyer, j'enverrai*.

Seconde conjugaison. *Tenir*, futur, *je tiendrai; venir, je viendrai; courir, je courrai; cueillir, je cueillerai; mourir, je mourrai; acquérir, j'acquerrai.*

Troisième conjugaison, *Recevoir*, futur, *je recevrai*; *avoir*, *j'aurai*; *échoir*, *j'écherrai*; *pouvoir*, *je pourrai*; *savoir*, *je saurai*, *s'asseoir*, *je m'asseyerai*; *voir*, *je verrai*; *vouloir*, *je voudrai*; *valoir*, *je vaudrai*; *falloir*, *il faudra*; *pleuvoir*, *il pleuvra*.

Quatrième conjugaison. *Faire*, futur, *je ferai*; *être*, *je serai*.

2.° Du futur de l'indicatif, on forme le conditionnel présent, en changeant *rai* en *rois* sans exception, *j'aimerai*, conditionnel, *j'aimerois*; *je finirai*, *je finirois*; *je recevrai*, *je recevrois*; *je rendrai*, *je rendrois*.

IV. Du participe présent on forme :

1.° L'imparfait de l'indicatif, en changeant *ant* en *ois* : *aimant*, imparfait, *j'aimois*; *finissant*, *je finissois*; *recevant*, *je recevois*; *rendant*, *je rendois*.

EXCEPTIONS.

Il n'y a que deux exceptions : *ayant*, *j'avois*; *sachant*, *je savois*.

2.° Du même participe on forme la première personne plurielle du présent de l'indicatif, en changeant *ant* en *ons* : *aimant*, *nous aimons*; *finissant*, *nous finissons*; *recevant*, *nous recevons*; *rendant*, *nous rendons*.

Excepté : *étant*, *nous sommes*; *ayant*, *nous avons*; *sachant*, *nous savons*.

On forme aussi la seconde personne plurielle en *ez* : *vous aimez*, *vous finissez*, *vous recevez*, *vous rendez*.

Excepté : *faisant, vous faites ; disant, vous dites.*

Et la troisième personne en *ent* : *ils aiment, ils finissent,* etc.

3.º Du même participe présent on forme le présent du subjonctif, en changeant *ant* en *e* muet : *aimant, que j'aime ; finissant, que je finisse ; rendant, que je rende.*

EXCEPTIONS.

Première conjugaison : *Allant, que j'aille.*

Seconde conjugaison. *Tenant, que je tienne ; venant, que je vienne ; acquérant, que j'acquière.*

Troisième conjugaison. *Recevant, que je reçoive ; pouvant, que je puisse ; valant, que je vaille ; voulant, que je veuille ;* (1) *mouvant, que je meuve ; fallant, qu'il faille.*

Quatrième conjugaison. *Buvant, que je boive ; faisant, que je fasse ; étant, que je sois.*

V. Du participe passé on forme tous les temps composés (de deux mots) en y joignant les temps des verbes axiliaires *avoir, être* ; comme *j'ai aimé, j'ai fini, j'ai reçu, j'ai rendu ; j'avois aimé, j'avois fini, j'avois reçu, j'avois rendu ; j'aurai aimé, j'aurai fini, j'aurai reçu, j'aurai rendu ; que j'eusse aimé, que j'eusse fini, que j'eusse reçu, que j'eusse rendu.*

---

(1) *Que tu veuilles, qu'il veuille, que nous voulions, que vous vouliez, qu'ils veuillent.*

TEMPS PRIMITIFS
DES VERBES IRRÉGULIERS.

PRÉSENT de L'INFINITIF	PARTICIPE PRÉSENT.	PARTICIPE PASSÉ.	PRÉSENT de L'INDICATIF	PRÉTÉRIT de L'INDICATIF
PREMIÈRE CONJUGAISON.				
Aller.	Allant.	Allé.	Je vais.	J'allai.
Puer.	Puant.	Pué.	Je pus.	Je puai.
SECONDE CONJUGAISON.				
Courir.	Courant.	Couru.	Je cours.	Je courus.
Cueillir.	Cueillant.	Cueilli.	Je cueille.	Je cueillis.
Fuir.	Fuyant.	Fui.	Je fuis.	Je fuis.
Mourir.	Mourant.	Mort.	Je meurs.	Je mourus.
Faillir.		Failli.		Je faillis.
Acquérir.	Acquérant.	Acquis.	J'acquiers.	J'acquis.
Saillir.	Saillant.	Sailli.	Il saille.	Il saillit.
Tressaillir.	Tressaillant.	Tressailli.	Je tressaille.	Je tressaillis.
Vêtir.	Vêtant.	Vêtu.	Je vêts.	Je vêtis.
Revêtir.	Revêtant.	Revêtu.	Je revêts.	Je revêtis.
TROISIÈME CONJUGAISON.				
Choir.				
Déchoir.		Déchu.	Je déchois.	Je déchus.
Echoir.	Échéant.	Échu.	Il échet.	J'échus.
Falloir.		Fallu.	Il faut.	Il fallut.
Mouvoir.	Mouvant.	Mu.	Je meus.	Je mus.
Pleuvoir.	Pleuvant.	Plu.	Il pleut.	Il plut.
Pouvoir.	Pouvant.	Pu.	Je puis.	Je pus.
Savoir.	Sachant.	Su.	Je sais.	Je sus.
S'asseoir.	S'asseyant.	Assis.	Je m'assieds.	Je m'assis.
Surseoir.		Sursis.	Je surseois.	Je sursis.
Valoir.	Valant.	Valu.	Je vaux.	Je valus.
Voir.	Voyant.	Vu.	Je vois.	Je vis.
Pourvoir.	Pourvoyant.	Pourvu.	Je pourvois.	Je pourvus.
Vouloir.	Voulant.	Voulu.	Je veux.	Je voulus.

QUATRIÈME CONJUGAISON.

PRÉSENT de L'INFINITIF	PARTICIPE PRÉSENT.	PARTICIPE PASSÉ.	PRÉSENT de L'INDICATIF	PRÉTÉRIT de L'INDICATIF
Battre.	Battant.	Battu.	Je bats.	Je battis.
Boire.	Buvant.	Bu.	Je bois.	Je bus.
Braire.			Il brait.	
Bruire.	Bruyant.			
Circoncire.		Circoncis.	Je circoncis.	Je circoncis.
Clore, clorre		Clos.	Je clos.	
Conclure.	Concluant.	Conclu.	Je conclus.	Je conclus.
Confire.		Confit.	Je confis.	Je confis.
Coudre.	Cousant.	Cousu.	Je couds.	Je cousis.
Croire.	Croyant.	Cru.	Je crois.	Je crus.
Dire.	Disant.	Dit.	Je dis.	Je dis.
Maudire.	Maudissant.	Maudit.	Je maudis.	Je maudis.
Ecrire.	Écrivant.	Ecrit.	J'écris.	J'écrivis.
Exclure.	Excluant.	Exclus.	J'exclus.	J'exclus.
Faire.	Faisant.	Fait.	Je fais.	Je fis.
Prendre	Prenant.	Pris.	Je prends.	Je pris.
Lire.	Lisant.	Lu.	Je lis.	Je lus.
Luire.	Luisant.	Lui.	Je luis.	
Mettre.	Mettant.	Mis.	Je mets.	Je mis.
Moudre.	Moulant.	Moulu.	Je mouds.	Je moulus.
Naître.	Naissant.	Né.	Je nais.	Je naquis.
Nuire.	Nuisant.	Nui.	Je nuis.	Je nuisis.
Rire.	Riant.	Ri.	Je ris.	Je ris.
Rompre.	Rompant.	Rompu.	Je romps.	Je rompis.
Absoudre.	Absolvant.	Absous.	J'absous.	
Résoudre.	Résolvant.	Résous, résolu.	Je résous.	Je résolus.
Suffire.	Suffisant.	Suffi.	Je suffis.	Je suffis.
Suivre.	Suivant.	Suivi.	Je suis.	Je suivis.
Traire.	Trayant.	Trait.	Je trais.	
Vaincre.	Vainquant	Vaincu.	Je vaincs.	Je vainquis.
Vivre.	Vivant.	Vécu.	Je vis.	Je vécus.

Nous ne marquons pas les verbes *composés*, parce qu'ils suivent la conjugaison de leurs *simples* : par exemple, les composés *promettre*, *admettre*, &c., se conjuguent comme le verbe simple *mettre*.

CONJUGAISON

Des principaux Verbes irréguliers, avec les variantes, suivant RESTAUT.

ABSOUDRE : J'absous, tu absous, il absout; nous absolvons, vous absolvez, ils absolvent. J'absolvois, &c. J'ai absous, &c. J'absoûdrai, &c. J'absoûdrois, &c. Absous, absolvez. Que j'absolve, &c. Absolvant.

ACHETER : J'achéte, tu achétes, il achéte; nous achetons, vous achetez, ils achétent; J'acheterai, tu acheteras, &c. J'acheterois, tu acheterois, &c. *Ou* J'achete, tu achetes, &c.

ACQUÉRIR : J'acquiers, tu acquiers, il acquiert; nous acquérons, vous acquérez, ils acquièrent. *Ou* J'acquers, tu acquers, il acquert; nous acquérons, vous acquérez, ils acquèrent. J'acquérois, &c. J'ai acquis, &c. J'acquis, &c. J'acquerrai, &c. Acquiers (*ou* Acquers), acquérez. Que j'acquiere, que tu acquieres, qu'il acquiere; que nous acquérions, que vous acquériez, qu'ils acquièrent. (*Ou* que j'acquere, que tu acqueres, qu'il acquere; que nous acquérions, que vous acquériez, qu'ils acquerent.) J'acquerrois, &c. Que j'acquisse, &c. Acquérant.

APUIER : J'apuie, tu apuies, il apuie; nous apuions, vous apuiez, ils apuient. J'apuiois, &c. nous apuiions, &c. J'apuiai, &c. Que j'apuie, &c. Que nous apuiions, &c. *Tous les Dictionnaires excepté Restaut écrivent* appuyer.

ASSEOIR : J'assieds, tu assieds, il assied; nous asseyons, vous asseyez, ils asseyent. J'asseyois, &c. nous asseyions, &c. J'assis, etc. J'asseierai, *ou* J'assiérai, &c. J'asseierois, *ou* J'assiérois, &c. Assied-toi, asseyez-vous. Que j'asseye, &c. Que nous asseyions, &c. Que j'assisse, &c. Asseyant.

BOUILLIR : Je bous, tu bous, il bout; nous bouillons, vous bouillez, ils bouillent. Je bouillois, &c. Je bouillis, &c. J'ai bouilli, &c. Je bouillirai, &c. Je bouillirois, &c. Bous, bouillez. Que je bouille, &c. Que je bouillisse, &c. Bouillant.

CLORE : Je clos, tu clos, il clôt. J'ai clos, &c. Je clôrai, tu clôras il clôra, &c. Je clôrois, tu clôrois, il clôroit, &c. Clos.

CONCLURE : Je conclus, tu conclus, il conclud; nous concluons, vous concluez, ils concluent. Je concluois, &c. nous concluïons, vous concluïez, ils concluoient. J'ai conclu, &c. Je conclus, tu conclus, il conclut; nous conclûmes, vous conclûtes, ils conclurent. J'avois conclu, &c. Je conclurai, tu concluras, il conclura; nous conclurons, vous conclurez, ils concluront. Je conclurois, &c. Conclus, concluez. Que je conclue, &c. Que nous concluïons, que vous concluïez, qu'ils concluent. Que je conclusse que tu conclusses, qu'il conclût. Concluant.

COUDRE : Je couds, tu couds, il coud; nous cousons, vous cousez, ils cousent. Je cousois, &c. nous cousions, &c. J'ai cousu, &c. Je cousis, etc. J'avois cousu, &c. Je coudrai, &c. Je coudrois, &c. Couds, cousez. Que je couse, &c. Que je cousisse, que tu cousisses, qu'il cousît. Cousant.

CROÎTRE. Je croîs, tu croîs. il croît; nous croissons, vous croissez, ils croissent. Je croissois, &c. Je crus, &c. J'ai crû, &c. Je croîtrai, &c. Je croîtrois, &c. Croîs, croissez. Que je croisse, &c. Que je crusses, que tu crusses, qu'il crût; que nous crussions, &c. croissant.

CUEILLIR : Je cueille, tu cueilles, il cueille; nous cueillons, vous cueillez, ils cueillent. Je cueillois, &c. nous cueillions, vous cueilliez, ils cueilloient. Je cueillis, &c. J'ai cueilli, &c. Je cueillerai, &c. Je cueillerois, &c. Cueille, cueillez. Que je cueille, &c. Que nous cueillions, que vous cueilliez, qu'ils cueillent. Que je cueillisse, &c. Cueillant.

DIRE et son composé REDIRE : Je dis, tu dis, il dit; nous disons, vous dites, ils disent. Je disois, &c. Je dis, &c. Je dirai, &c. Je dirois, &c. Dis. Que je dise. Que je disse.

NOTA. *Contredire, dédire, interdire, médire,* et *prédire,* autres composés de *dire,* en suivent la conjugaison, excepté qu'ils font à la seconde personne du pluriel du présent de l'indicatif, *Vous contredisez, vous prédisez, vous interdisez, vous médisez, vous prédisez.*

DÉCHOIR : Je déchois, &c. nous déchoyons, vous déchoyez, ils déchoient. Je déchoyois, &c. nous déchoyions, vous déchoyiez, ils déchoyoient. Je déchus, &c. Je déchérai, etc. Je déchérois, &c. Que je déchoie, &c. Que nous déchoyions, que vous déchoyiez, qu'ils déchoient. Que je déchusse, &c.

ENVOYER : J'envoie. tu envoies, il envoie; nous envoyons, vous envoyez, ils envoyent. J'envoyois &c. nous envoyions, vous envoyiez, ils envoyoient. J'envoyai. &c. J'ai envoyé, &c. J'enverrai, &c. J'enverrois, &c. Envoie, envoyez. Que j'envoie, que tu envoyes, qu'il envoie; que nous envoyons, que vous envoyez, qu'ils envoyent. Que j'envoyasse, que tu envoyasses, qu'il envoyât; que nous envoyassions, &c. Envoyant.

FAILLIR : Nous faillons, vous faillez, ils faillent. J'ai failli, &c. Je faillis, tu faillis, il faillit; nous faillîmes, vous faillîtes, ils faillirent. Je faillirai, &c. Je faillirois, etc. Que je faille, etc. Que nous faillions. &c. Que je faillisse, que tu faillisses, qu'il faillît ; que nous faillissions, que vous faillissiez, qu'ils faillissent. *Richelet.* Faillant. Je faux, tu faux, il faut. Je faudrai, tu faudras, &c. *Académie.*

HAÏR : Je hais, tu hais, il hait; nous haïssons, vous haïssez, ils haïssent. Je haïssois, tu haïssois, il haïssoit; nous haïssions, vous haïssiez, ils haïssoient. J'ai haï, &c. Je haïrai, &c. Je haïrois, &c.

Hais, haïssez. Que je haïsse, &c. Que j'eusse haï, &c. Haïssant.

JOINDRE : Je joins, tu joins, il joint; nous joignons, vous joignez, ils joignent. Je joignois, &c. Je joignis, &c. J'ai joint, &c. Je joindrai, &c. Je joindrois, &c. Joins, joignez Que je joigne, &c. Que je joignisse, que tu joignisses, qu'il joignît; que nous joignissions, que vous joignissiez, qu'ils joignissent.

LANGUIR : Je languis, tu languis, il languit nous languissons, vous languissez, ils languissent. Je languissois, &c. J'ai langui, &c. Je languis, &c. nous languîmes, vous languîtes, ils languirent. Je languirai, &c. Je languirois, &c. Languis, languissez. Que je languisse, &c.

MORDRE : Je mords, tu mords, il mord; nous mordons, vous mordez, ils mordent. Je mordois, &c. J'ai mordu, &c. Je mordis, &c. Je mordrai, etc. Je mordrois, &c. Mords, mordez. Que je morde, &c. Que nous mordions, &c. Que je mordisse. &c. Que nous mordissions, &c. Mordant.

MOUDRE : Je mouds, tu mouds, il moud; nous moulons, vous moulez, ils moulent. Je moulois, &c. Je moulus, &c. J'ai moulu, &c. Je moudrai, &c. Je moudrois, &c. Mouds, moulez. Que je moule, &c. Que je moulusse, etc. Moulant, &c.

MOUVOIR : Je meus, tu meus, il meut : nous mouvons, vous mouvez, ils meuvent. Je mouvois, &c. Je mus. J'ai mû. Je mouvrai. Je mouvrois, &c. Meus, mouvez. Que je meuve; que nous mouvions, que vous mouviez, qu'ils meuvent. Que je musse. Mouvant.

NAÎTRE : Je nais, tu nais, il naît ; nous naissons, vous naissez, ils naissent. Je naissois, &c. nous naissions, &c. Je naquis, tu naquis, il naquit ; nous naquîmes, vous naquîtes, ils naquirent. Je suis né, &c. Je naîtrai, tu naîtras, il naîtra, nous naîtrons, vous naîtrez, ils naîtront. Je naîtrois, &c. nous naîtrions, &c. Que je naisse, &c. que nous naissions, &c. Que je naquisse, que tu naquisses, qu'il naquît; que nous naquissions, que vous naquissiez, qu'ils naquissent. Naissant.

OBÉIR : J'obéis, tu obéis, il obéit; nous obéissons, vous obéissez, ils obéissent. J'obéissois, &c. J'obéis, &c. J'ai obéi, &c. J'obéirai, &c. J'obéirois, &c. Obéis, obéissez. Que j'obéisse, que tu obéisses, qu'il obéisse; que nous obéissions, que vous obéissiez, qu'ils obéissent. Obéissant.

OINDRE : J'oins, tu oins, il oint; nous oignons, vous oignez, ils oignent. J'oignois, &c. J'oignis, &c. J'ai oint, &c. J'oindrai, &c. J'oindrois, &c. Oins, oignez. Que j'oigne, &c. Que j'oignisse, &c. Oignant.

REQUÉRIR : Je requiers, tu requiers, il requiert; nous requérons, vous requérez, ils requièrent. Je requérois, &c. nous requérions, &c. Je requis, tu requis, il requit; nous requîmes, vous requîtes, ils requirent. J'ai requis, &c. Je requerrai, tu requerras, &c. Je requerrois, &c. Requiers, requérez. Que je requierre, &c. que je requisse, que tu requisses, qu'il requît; que nous requissions, que vous requissiez, qu'ils requissent. Requérant.

RIRE : Je ris, tu ris, il rit; nous rions, vous riez, ils rient. Je riois, &c, nous riions, &c. Je ris, &c. nous rîmes, vous rîtes, ils rirent. J'ai ri, &c. Je rirai, &c. Je rirois, &c. Ris : riez. Que je rie, &c. Que je risse, que tu risses, qu'il rît; que nous rissions, que vous rissiez, qu'ils rissent. Riant.

SOUFFRIR : Je souffre, &c. nous souffrons, &c. Je souffrois, &c. nous souffrions, &c. Je souffris, &c. nous souffrîmes, &c. J'ai souffert, &c. Je souffrirai, &c. Je souffrirois, &c. Souffre, souffrez. Que je souffre, etc. Que je souffrisse, que tu souffrisses, qu'il souffrît; que nous souffrissions, &c. Souffrant.

SOUSTRAIRE : Je soustrais, tu soustrais, il soustrait ; nous soustrayons, vous soustrayez, ils soustraient. Je soustrayois, &c. nous soustrayions, &c. J'ai soustrait, &c. Je soustrairai, &c. Je soustrairois, &c. Soustrais, soustrayez. Que je soustraye, &c. que nous soustrayions, &c. Que j'aye soustrait, &c. Soustrayant.

TAIRE : Je tais, tu tais, il tait ; nous taisons, vous taisez, ils taisent. Je taisois, &c. nous taisions, &c. Je tus, &c. nous tûmes, &c. J'ai tu, &c. Je tairai, &c. Je tairois, &c. Tais, taisez. Que je taise, &c. que nous taisions, &c. Que je tusse, que tu tusses, qu'il tût ; que nous tussions, &c. Taisant.

TEINDRE : Je teins, tu teins, il teint ; nous teignons, vous teignez, ils teignent. Je teignois, &c. Je teignis, tu teignis, il teignit ; nous teignîmes, vous teignîtes, ils teignirent. J'ai teint, &c. Je teindrai, &c. Je teindrois, &c. Teins, teignez. Que je teigne, &c. Que je teignisse, que tu teignisses, qu'il teignît ; que nous teignissions, que vous teignissiez, qu'ils teignissent. Teignant.

VÊTIR : Je vêts, tu vêts, il vêt ; nous vêtons, vous vêtez, ils vêtent. Je vêtois, &c. Je vêtis, etc. nous vêtîmes, vous vêtîtes, ils vêtirent : J'ai vêtu, &c. Je vêtirai, &c. Je vêtirois, &c. Que je vête, &c. Que je vêtisse, que tu vêtisses, qu'il vêtît, &c. Vêtant.

FIN.

Nous avons placé à la fin de cette Grammaire beaucoup de verbes irréguliers ; parce qu'on ne sauroit trop se familiariser avec leur conjugaison qui est très-difficile et toujours embarrassante pour les personnes qui désirent étudier leur langue.

... a in anne ... de quoy
avcesem Comme pour avs accord est
appointié Endroict a l'effect de quoy ?
Remettront Leurs piecés en nos Mains
pour estre procedé au jugement diffin
de leur procés Execution de nos lettres
de Sentence, Expedié comme dessus
par re quisse ordinaire Soubsigné

Simon.
En plinjcq

Petit
huit d. le feuillet

Jourd par nous Marcq françois ſaloil
Lieutenant au bailliage de Sainte liuiere pour les
Seigneurs Edamis dudict lieu Es Jours ordinaires par
nous tenue audict Sainte liuiere Le Lundy vingt
Septiesme Jour du mois dauril Mil Six Centz
quatre vingt dix. /.

En la Cause dentre Marguerite de Blaise Veuue de
Claude quinot demeurante a Sclavos demanderesse
Comparante par Maistre Pierre Thieriot Son
Procureur Contre Jean Carnus deffendeur
par .... Nicolas Carnier aussi

Appel de la Cause Sur la Remonstrance a
nous faite par ledit Jean Carnus de la
fourniture et Signification dudite Escripture
qui nest que du vingt troid dit trente mois
Et as depuis lequel ne luy a esté Jmpossible
de Retourner au port de Son Consail demeurant
a la ville de Vitry pour y fournir de
Ses Responces auons ordonné quil

www.ingramcontent.com/pod-product-compliance
Lightning Source LLC
LaVergne TN
LVHW050644090426
835512LV00007B/1022